Management Appraisal

Was taugen die Manager eines Unternehmens? Wie lassen sich teure Managementfehler vermeiden? Wie erkennt man die Top-Talente unter den Führungskräften? Das Management Appraisal beantwortet als zentrales Instrumentarium zur Analyse des Potenzials der Manager eines Unternehmens diese Fragen.

Dr. Tilman Gerhardt und Dr. Jörg Ritter sind Berater bei Europas größter Personalberatungsfirma Egon Zehnder, die das Konzept des Management Appraisal entwickelt hat.

Tilman Gerhardt, Jörg Ritter

Management Appraisal

Kompetenzen von Führungskräften bewerten und Potenziale erkennen

Campus Verlag
Frankfurt/New York

Bibliografische Information der Deutschen Bibliothek

Die Deutsche Bibliothek verzeichnet diese Publikation in der Deutschen Nationalbibliografie. Detaillierte biografische Daten sind im Internet über http://dnb.ddb.de abrufbar.

ISBN 3-593-37340-8

Umschlaggestaltung: Init, Bielefeld
Satz: Satzspiegel, Nörten-Hardenberg
Druck und Bindung: Druckhaus »Thomas Müntzer«, Bad Langensalza
Gedruckt auf säurefreiem und chlorfrei gebleichtem Papier.
Printed in Germany

Inhalt

Vorwort 7

1. Management Appraisal – eine Beratungsleistung macht Karriere 12

2. Warum ein Management Appraisal? 17

3. Grundlagen des Management Appraisals 24

3.1 Methodische Abgrenzung des Management Appraisals 27

3.2 Grenzen eines Management Appraisals 30

3.3 Vor- und Nachteile 31

4. Konzeption der Bewertungsmethode – das Egon Zehnder Model of Competence 34

4.1 Definition, Auswahl und »Messen« von Kompetenzen . 35

4.2 Leistungs- und Potenzialbeurteilung 41

5. Ein Spiegelbild deutscher Führungskräfte 44

5.1 Stärken und Schwächen deutscher Führungskräfte 45

5.2 Potenzial und Aufgabenerfüllung 50

5.3 Ausprägung der Managementkompetenzen in Deutschland, USA und Asien 53

5.4 Einblick in die Industrien 57

6. Was Führungskräfte aus einem Management Appraisal lernen können 76

6.1 Das Management Appraisal als Spiegelbild 77

6.2 Potenziale erschließen, den Wirkungsgrad erhöhen . . 80
6.3 Erkenntnisse umsetzen 82

7. Durchführung eines Management Appraisals 86
7.1 Kritische Erfolgsfaktoren 87
7.2 Die sechs Schritte eines Management Appraisals 90

8. Fallbeispiele 101
8.1 ABB Ltd. 103
8.2 Axa Group 107
8.3 Bayer CropScience 112
8.4 BVG Berliner Verkehrsbetriebe 118
8.5 Deka Investment GmbH 122
8.6 Deutsche Post World Net 128
8.7 DFS Deutsche Flugsicherung 134
8.8 Dresdner Bank 140
8.9 Hella KGaA Hueck & Co. 148
8.10 Lekkerland-Tobaccoland GmbH & Co. KG 152
8.11 mg technologies 156
8.12 Siemens 161
8.13 Trumpf Gruppe 168
8.14 Vattenfall Europe AG 172

9. Wie es nach dem Appraisal weitergeht – Ein Ausblick . . . 176

Weitere Autorinnen und Autoren 182

Vorwort

Der Siemens-Konzern ist immer stolz auf seine Personalpolitik gewesen. Zu Recht, wie ich meine. Ein Großteil unserer Führungskräfte hat seinen Weg in unserem Unternehmen gemacht, von den ersten beruflichen Schritten zu zunehmend anspruchsvolleren Aufgaben und manchmal bis hinauf in den Vorstand. Sorgsam geleitet und gefördert von Vorgesetzten, denen bewusst ist, dass Führung von Menschen vor allem Verantwortung für diese bedeutet. Betreut von Personalmanagern, die mit einer breiten, stimmigen Palette von Entwicklungsmaßnahmen und HR-Werkzeugen auf die Bedürfnisse und Fähigkeiten jedes einzelnen Mitarbeiters individuell eingehen können. Dennoch haben wir in den vergangenen Jahren unsere Führungskräfte mehrfach auch von Außenstehenden unter die Lupe nehmen lassen.

Was ist geschehen, dass wir ausgerechnet im sensiblen Personalbereich externen Rat suchen? Sehr viel! In der Tat hat sich Siemens in den vergangenen zehn Jahren stark verändert; so sehr, wie in kaum einer anderen Phase seiner mehr als 150-jährigen Geschichte. Ich möchte diese Veränderungen hier skizzieren. Siemens heute, das sind mehr als 400 000 Mitarbeiter in 190 Ländern, fast 80 Milliarden Euro Jahresumsatz, davon 80 Prozent außerhalb Deutschlands, Tätigkeitsfeld Elektrotechnik und Elektronik. Das ist ein Arbeitsgebiet, das viel mit Infrastruktursystemen zu tun hat, wie etwa Telekommunikation, Energieversorgung oder Bahntechnik. Hier haben sich in den turbulenten 90er Jahren die Rahmenbedingungen für unser unternehmerisches Handeln grundlegend gewandelt.

Als ich im Oktober 1992 das Amt des Vorstandsvorsitzenden bei Siemens übernahm, wurden wir gerade aus der Euphorie des Wiedervereinigungsbooms in die kalte Welt der Deregulierung, Liberalisierung und Privatisierung gestoßen. Bis dahin waren die Käufer unserer Infrastruktursysteme überwiegend Behörden oder Institutionen gewesen, die mit mehr oder weniger monopolartiger Marktmacht ausgestattet waren. Unsere gegenseitigen Beziehungen verliefen in wohl geordneten Bahnen: Wir entwickelten die Technologien gemeinsam mit unseren Kunden, die Preise orientierten sich an den Kosten, der Marktzugang für Wettbewerber war begrenzt.

Innerhalb kurzer Zeit änderten sich diese Spielregeln radikal. Die Märkte öffneten sich. Unsere Kunden wurden privatisiert und in den Wettbewerb gestellt. Preis-, Wettbewerbs- und Innovationsdruck wuchsen enorm. In weniger als fünf Jahren halbierten sich auf den genannten Gebieten die Preise.

Unsere Antwort in dieser ersten Phase der Globalisierung hieß »top«: »time optimized processes«. Das Programm beinhaltete Maßnahmen zur Verbesserung der Produktivität und zur Beschleunigung der Innovationen. Und damit diese Entwicklungen leichter aufgefangen werden konnten, haben wir zudem auf Wachstum gesetzt, vor allem auf Wachstum in neuen Märkten. So nahm zum Beispiel unsere erfolgreiche Asieninitiative in dieser Zeit ihren Anfang. Als Basis und Motor des top-Programms haben wir gleichzeitig die Veränderung der Unternehmenskultur in Angriff genommen. Im vollen Wettbewerb hart am Wind zu segeln verlangte von unseren Mitarbeitern andere Verhaltensweisen als das gewohnte Geschäft mit Behörden.

Etwa Mitte der 90er Jahre setzte die zweite Phase der Globalisierung ein. Geprägt war sie durch den zunehmenden Einfluss der Kapitalmärkte. Das Konzept des Shareholder Value etablierte sich. Die damit verbundene Notwendigkeit, den Ertrag und den Wert der Unternehmen ständig zu steigern, rückte in den Mittelpunkt der Strategien. Bei Siemens kamen eine Reihe von Sonderfaktoren hinzu: die Asienkrise, die Krise auf dem Halbleitermarkt und gravierende technische Probleme bei einigen Großprojekten im Kraftwerksbau und in der Bahntechnik.

Wir reagierten umgehend und erweiterten »top« zu einem 10-Punkte-Programm. Zu seinen Schwerpunkten gehörte eine systematische Portfoliopolitik. Sie zielte zum einen darauf ab, besonders volatile und kapitalintensive Aktivitäten abzugeben. Das galt vor allem für das Geschäft mit Halbleitern. Zum anderen ging es darum, nur noch Geschäftsgebiete im Portfolio zu behalten, auf denen wir auf den globalen Märkten führende Positionen einnehmen oder uns dahin entwickeln können. Nur so können wir auf Dauer genug Geld verdienen.

Zur Umsetzung dieser Strategie hat es vieler Einzelschritte bedurft. Die Börsengänge von Epcos und Infineon gehören ebenso dazu wie der Verkauf des Bereichs Elektromechanische Komponenten und des Geschäfts mit Starkstrom- und Nachrichtenkabeln oder Geldautomaten und Kassensystemen. Andererseits haben wir zugekauft: die fossile Kraftwerkstechnik von Westinghouse, die Gebäudetechnik der schweizerischen Elektrowatt, den Ultraschallhersteller Acuson und das Servicegeschäft von Shared Medical Systems auf dem Gebiet der Medizintechnik sowie die Automobiltechnik und die Logistiksysteme von Atecs Mannesmann.

Der zweite Schwerpunkt des 10-Punkte-Programms war ein neues Führungssystem. Es steht unter dem Titel top + und hat das Motto: Klare Ziele, konkrete Maßnahmen, eindeutige Konsequenzen. Klare Ziele, das sind Vereinbarungen mit jedem operativen Bereich über den Geschäftswertbeitrag, der in einem Zieljahr erreicht werden soll. Damit haben wir das System des Economic Value Added – auf unsere Verhältnisse zugeschnitten – übernommen. Konkrete Maßnahmen, das sind Managementwerkzeuge wie Benchmarking, Geschäftstreiber-Scorecards, Forcierung von Asset Management, Qualitäts-Management und Innovations-Management. Dazu sind Methoden entwickelt worden, die verbindlich einzusetzen sind. Dies kontrollieren wir regelmäßig.

Die eindeutigen Konsequenzen dokumentieren sich vor allem in neuen Incentive-Systemen. Zum Beispiel sind für die Top 100 unserer Führungsmannschaft nur noch 50 bis 60 Prozent des Jahreszieleinkommens fix. 40 bis 50 Prozent sind davon abhängig, ob die vereinbarten Wertsteigerungsziele erreicht werden. Diese Maßnahmen haben konkrete Veränderungen bewirkt. Und sie haben den Kulturwandel beschleunigt.

Das Ziel des 10-Punkte-Programms, für den Konzern insgesamt einen positiven Geschäftswertbeitrag zu erwirtschaften, haben wir im Geschäftsjahr 2000 erreicht. In der nächsten Phase sind wir dann einen Schritt weiter gegangen und haben im Dezember 2000 mit jedem geschäftsführenden Bereich individuelle Margenziele vereinbart, die im Geschäftsjahr 2003 erreicht werden sollten. Die Höhe der Margenziele orientierte sich am Wettbewerb, an der Einschätzung der Marktmöglichkeiten und der eigenen Potenziale.

Wenige Monate später – im Frühjahr 2001 – platzte die Blase der New Economy. Dadurch wurden vor allem die von den Marktentwicklungen bei Informations- und Kommunikationstechnik direkt und indirekt abhängigen Aktivitäten betroffen. Fünf Bereichen haben wir deshalb für ihre Margenziele über das Geschäftsjahr 2003 hinaus Zeit gegeben. Unter der Überschrift »Operation 2003« wurden konkrete Handlungsfelder definiert, die für die Wiedergewinnung der Ertragsstärke besonders hohe Priorität erhielten: Rückkehr in die Gewinnzone bei den IC-Bereichen, Restrukturierung und Integration der von Atecs Mannesmann übernommenen Aktivitäten, Asset Management zur Stärkung des Cashflows, Initiative zur Schaffung einer angemessenen Profitabilität unserer US-Gesellschaften und Senkung der Kosten in der Konzernzentrale und in den Headquarters der Bereiche und Regionalgesellschaften.

Die Operation 2003 war ein Erfolg. Wir haben den Ansatz der vergangenen Programme mit Beginn des Geschäftsjahrs 2004 nun in ein transparentes und in sich geschlossenes Siemens Management System überführt. Es dient dazu, die Unternehmensvision umzusetzen, wie sie in unserem Claim »Siemens – global network of innovation« manifestiert ist. Basis sind die Unternehmensleitsätze, in denen wir die für uns wichtigen Verhaltensregeln festgehalten haben. Kernstücke des Siemens Management Systems sind die drei Unternehmensprogramme »Innovation«, »Kundenfokus« und »Globale Wettbewerbsfähigkeit«. Sie werden von einer Reihe von verpflichtenden Initiativen unterlegt und flankiert von zielgerichteten Maßnahmen auf dem Gebiet der Führungskräfteentwicklung und Kompetenzvermittlung. Mit diesem System sehen wir gute Chancen, um diejenigen Bereiche, die bereits Benchmarks für ihre Wettbewerber setzen, oben zu halten und die anderen Bereiche möglichst zügig nach oben zu führen.

Obschon wir uns vom – wie wir heute wissen – ruinösen New-Economy-Hype nicht haben mitreißen lassen, haben auch wir uns die Frage gestellt, welche Möglichkeiten uns Internet und E-Business bieten. Uns war aber klar, dass wir diesen Weg behutsam gehen müssen. Unsere E-Business-Strategie zielt nicht darauf ab, die bewährten Strukturen zu zerstören, sondern vielmehr darauf, die traditionellen Stärken von Siemens um die Vorteile zu ergänzen, die wir aus der elektronischen Vernetzung ziehen können. Wir erschließen uns entlang der gesamten Wertschöpfungskette Potenziale bei Geschwindigkeit, Produktivität und Qualität. Wir geben dem internen Knowledge Management bessere Voraussetzungen. Wir optimieren unsere Beziehungen zu Lieferanten und Kunden und schaffen uns auch ganz neue Geschäftsmöglichkeiten.

Was hat all das nun mit unserer Personalpolitik zu tun? Ich habe die Umwälzungen bei Siemens etwas ausführlicher beschrieben, um zu verdeutlichen, dass wir unseren Mitarbeitern in den vergangenen Jahren einiges abverlangt haben. Im Rampenlicht standen dabei besonders die Führungskräfte, die als Agenten des Wandels die Veränderungen nicht nur mittragen, sondern vielmehr vorantreiben sollten. Doch konnte und wollte jeder Manager, der einmal unter ganz anderen Voraussetzungen gearbeitet hatte, ein Change Agent sein? Und wie waren die Fähigkeiten jener Führungskräfte einzuschätzen, die durch Mergers und Akquisitionen neu in den Konzern gekommen waren? Wir haben in dieser Situation, in der Zeit ein kritischer Faktor war, mit großem Erfolg Management Appraisals eingesetzt. Damit konnten wir schnell und punktgenau identifizieren, welche Stärken und Schwächen unsere Führungsmannschaft in Bezug auf die notwendigen neuen Kompetenzen in einem stark veränderten Umfeld hatte. Mit unserem bewährten HR-Instrumentarium konnten wir die Weiterentwicklung dann gezielt angehen. In der Personal- und Managementberatung Egon Zehnder International haben wir dabei einen Partner gefunden, der nicht nur professionell, sondern auch mit der notwendigen Sensibilität auf die Menschen einging, die das Unternehmen Siemens zu dem gemacht haben, was es heute ist.

Ich werde intern oft gefragt, wann denn nun endlich Schluss sei mit den Veränderungen. Die Antwort ist natürlich: Nie! Siemens ist ein lebender Organismus, der sich ständig den Marktverhältnissen entsprechend erneuern muss. Bei allem Wandel dürfen aber bestimmte strategische Elemente und Grundwerte nicht geopfert werden. Was waren und sind die wesentlichen Voraussetzungen, die den nachhaltigen Erfolg unseres Unternehmens über mehr als 150 Jahre bewirkt haben? Wir meinen: die hohe, nie versiegende Innovationskraft, das Setzen auf ein robustes Geschäftsportfolio, die finanzielle Solidität, die echte Globalität und nicht zuletzt die Verankerung des Unternehmens in bestimmten Grundwerten. Diese Grundwerte sind Tugenden, die zeitweise aus der Mode gekommen schienen: Fleiß, Disziplin, Ehrlichkeit, Durchhaltevermögen, Qualitätsbewusstsein, Verlässlichkeit. Die Anforderungen an Kompetenzen mögen sich ändern, diese Werte nicht!

Heinrich von Pierer
Vorsitzender des Vorstandes, Siemens AG

1. Management Appraisal – eine Beratungsleistung macht Karriere

Angenommen, Sie müssten eine wichtige Führungsposition in Ihrem Bereich besetzen – wüssten Sie genau, anhand welcher Kriterien Sie die zur Auswahl stehenden Kandidaten beurteilen und vergleichen wollten? Wären Sie sich überhaupt sicher, alle relevanten Kandidaten auf Ihrem Radar zu haben und in Ihre Überlegungen einbeziehen zu können? Wären Sie sicher, dass der von Ihnen gewählte Kandidat einem kritischen Vergleich mit dem Industrie-Standard oder gar der Best Practice standhält?

Oder Sie wollten ein neues Geschäftsfeld aufbauen oder eine grundsätzlich neue Strategie in einem Geschäftsbereich einführen – wüssten Sie genau, ob die vorhandenen Kompetenzen und das Potenzial in der Führungsmannschaft ausreicht, einen solchen Schritt zu tun? Wären Sie in der Lage, treffsicher zu sagen, in welchen Kompetenzfeldern welcher Handlungsbedarf bestünde und wo man sich eventuell von außen verstärken müsste?

> **D**as frühzeitige Erkennen von fähigen Führungskräften und die situationsgerechte Zusammenstellung eines effizienten Management Teams gehören zur Führungsverantwortung des CEO. Hierbei liefert die systematische und objektivierte Beurteilung der obersten Führungskräfte in Form von Management Appraisals wichtige, zukunftsorientierte Entscheidungsgrundlagen.
>
> Dr. Jürgen Dormann, CEO und Chairman ABB

Es sind solche oder ähnliche Fragestellungen, die durch ein Management Appraisal beantwortet werden. Immer mehr Entscheider erkennen den Nutzen dieses Instruments und setzen es als eine zusätzliche

Facette ein, um Entscheidungen zu treffen oder Entwicklungsmaßnahmen anzustoßen. In manchen Unternehmen sind Management Appraisals nicht mehr wegzudenken. Sie sind eine alltägliche Dienstleistung mit – in der Regel – sehr hoher Akzeptanz geworden.

Wir sehen in diesem Trend die Professionalisierung eines Segments, in dem lange unter dem Deckmantel der Verschwiegenheit am liebsten mit Bordmitteln und hinter verschlossenen Türen gearbeitet wurde. Intransparenz und fehlende Systematik wurden billigend in Kauf genommen. Nur zu oft beeinflussten und bestimmten Zufälligkeiten dabei wichtige Besetzungsentscheidungen.

Kontinuierliche Wachstumsraten im Bereich Management Appraisal bei Egon Zehnder International spiegeln die ständig steigende Nachfrage wider. Hätte vor zehn Jahren jemand vorhergesagt, dass Egon Zehnder International in Deutschland heute fast 30 Prozent des Umsatzes mit Management Appraisals erzielt, hätte man es kaum geglaubt oder als wünschenswert angestrebt. Denn nach wie vor ist Egon Zehnder International zuallererst eine Executive Search Firma, die sich durch die Beratung im Zusammenhang mit der Identifikation und Gewinnung von Führungskräften auf der ersten und zweiten Ebene definiert.

Weder der Ursprung noch das hohe Wachstum im Bereich Management Appraisal sind bei genauem Hinsehen allerdings überraschend. Es entsprach schon immer unserer Firmenphilosophie, bei Suchaufträgen interne und externe Kandidaten gleich zu behandeln. Immer häufiger machten Klienten davon Gebrauch, interne und externe Kandidaten mit ein- und demselben Raster durch einen Externen evaluieren und vergleichen zu lassen.

Die ersten Management Appraisals, die in ihren wesentlichen Grundzügen mit der heutigen Methode vergleichbar sind, waren deshalb auch Beratungsprojekte, bei denen es im Kern darum ging, die Führungskräfte in einer gegebenen Struktur auf ihre Tauglichkeit in einer veränderten Wettbewerbssituation zu überprüfen – nämlich in der Privatisierung von Staatsbetrieben in Südamerika Anfang der 90er Jahre. Entwickelt wurde das Instrument damit nicht – wie man vielleicht vermuten möchte – in einer der Management-Schmieden oder von den Business Gurus in USA und auch nicht in der »Alten Welt Europas«. Die große Nachfrage und das damals bereits erkennbare Potenzial dieses Instruments gaben den Anstoß für die Bildung einer weltweit tätigen Management Appraisal Practice bei Egon Zehnder

International, die in den folgenden Jahren die Methode systematisierte und ein einheitliches Vorgehen entwickelte.

Bewusst haben wir uns bereits vor mehr als zehn Jahren für den Begriff *Appraisal* und nicht das gefälligere, weil intuitiv verständlichere Wort *Audit* entschieden. Allerdings ist diese Entscheidung eher eine Frage der Einstellung als der Methodik. Der Begriff Audit impliziert einen rückwärts gerichteten Blick und einen revisionsartigen Prüfungsansatz. Ein solchermaßen mechanistischer Ansatz mag im Zusammenhang mit Maschinen oder Bilanzen gerechtfertigt sein. Führungskräfte aber, Menschen mit ausgeprägter Persönlichkeit, zu »auditieren«, klingt fast ein wenig verächtlich und kann manche Vorbehalte gegenüber dem Instrument unterstützen. Ganz klar: Ein Management Appraisal hat das Ziel, pointierte Aussagen in systematischer und einheitlicher Form zu Führungskräften zu erstellen. Aber es geht nicht darum, Führungskräfte in schlechte und gute Manager zu sortieren. Immer ist es das vorrangige Ziel, zu erkennen, ob eine Führungskraft und eine Aufgabe zueinander passen, oder wie Entwicklungspotenziale erschlossen werden können. Gerade weil wir Kompetenzen und Potenziale bewerten, wollen wir klar zum Ausdruck bringen, dass wir nicht nur kritisch, sondern in hohem Maße wertschätzend an diese verantwortungsvolle Aufgabe herangehen.

Auch der zweite Grund, aus dem das Management Appraisal für Egon Zehnder International in den vergangenen fünf Jahren Wachstumsraten von mehr als 25 Prozent pro Jahr verzeichnete, hat seinen Ursprung auf der Nachfrage-Seite: Unternehmen, die aufgrund der geringeren Marktdynamik weniger Aufträge im Bereich Executive Search vergaben, bedienten sich zunehmend des Instruments des Management Appraisals, um den Wirkungsgrad in der eigenen Führungsorganisation zu erhöhen oder die Strukturen im Zuge von Restrukturierungen zu verschlanken. Dieselben Klienten fragten in den vergangenen Jahren also verstärkt eine andere Dienstleistung nach.

Allein in Deutschland hat Egon Zehnder International in den letzten drei Jahren mehr als 4 000 Führungskräfte evaluiert und gebenchmarkt. Dies fand mit einer erprobten und weitestgehend einheitlichen Methode statt. So wird ein Benchmarking zwischen Branchen und Unternehmen möglich. Damit können der Durchschnitt, aber auch eine Best Practice bezüglich Kompetenzausprägungen und Potenzial erkannt werden.

In diesem Buch stellen wir die umfangreichen Erfahrungen von Egon Zehnder International mit Management Appraisals dar. Wir wollen damit ein besseres Verständnis und eine höhere Akzeptanz für dieses Instrument erreichen. Kritiker des Instruments meinen nach wie vor, es würden zu viele sensible Informationen aus dem Unternehmen nach außen gegeben. Anwender sagen, der hineingeholte wertvolle Rat und die Perspektive eines Neutralen glichen diese Gefahr bei weitem aus. Kritiker meinen auch, sich einen Externen bei diesem Thema ins Haus zu holen, zeuge von der eigenen Unkenntnis oder Unfähigkeit. Anwender behaupten das Gegenteil: Es sei ein Zeichen von Mut und Unabhängigkeit, sich kritisch zu hinterfragen und sich an einem einheitlichen Maßstab mit den Besten der Branche messen zu lassen und sich schließlich durch die neue Perspektive zu entwickeln.

Gleichzeitig muss hier aber auch gewarnt werden: Wer ein Management Appraisal durchführen möchte, sollte sehr genau planen und höchsten Wert auf die Qualität legen. Wenn kein ausreichendes Budget vorhanden ist, sollte lieber darauf verzichtet werden. Hier an den Kosten zu sparen und Qualitätsabstriche in Kauf zu nehmen, heißt, mit der sensibelsten Ressource – die gleichzeitig den größten Hebel im Unternehmen hat – nicht angemessen umzugehen. Die einbezogenen Führungskräfte bemerken dies sehr schnell. Im günstigsten Fall reagieren sie mit gleichgültiger Verwunderung, im ungünstigsten Fall mit destruktiver Verweigerung, da das Vertrauensverhältnis zerstört ist.

Dieses Buch richtet sich ebenso an Entscheider und Personalverantwortliche wie an Führungskräfte, die sich mit dem Thema Management Appraisal befassen wollen – etwa, weil in ihrem Unternehmen ein Management Appraisal geplant ist.

Neben einer ausführlichen theoretischen Auseinandersetzung mit dem Thema haben wir der Praxis breiten Raum gegeben. In zahlreichen Fallbeispielen stellen wir dar, wie Unternehmen in unterschiedlichen Situationen vorgegangen sind, und welchen Nutzen sie jeweils aus dem Management Appraisal gezogen haben. Die Fallbeispiele sind in sich geschlossene Einheiten, die unsere Klienten jeweils gemeinsam mit Beratern von Egon Zehnder International verfasst haben. Wir danken unseren Klienten an dieser Stelle herzlich für ihr Vertrauen und ihr Engagement. Abgeschlossen wird das Buch mit einem Ausblick: Was folgt einem Management Appraisal? Die gewonnenen Erkenntnisse bleiben eine ungenutzte Chance und sind nicht viel wert, wenn nichts daraus folgt.

Richtig eingesetzt und angewandt ist das Management Appraisal mehr als nur ein modernes Thema aus der bunten Angebotspalette der Personal- und Managementberater. Es hat sich zu Recht als eine sinnvolle Dienstleistung für unterschiedlichste Unternehmen in verschiedenen Situationen etabliert; oft mit erheblicher Langzeitwirkung. Somit ist ein Management Appraisal eine wertvolle Facette in entscheidungs- und entwicklungsorientierten Führungsfragen.

2. Warum ein Management Appraisal?

»Wir kennen unsere Führungskräfte doch selbst am besten«, wirft mancher Manager ein, wenn in seinem Unternehmen über ein Management Appraisal nachgedacht wird. Viele halten es ohnehin für die vordringlichste Aufgabe einer jeden Führungskraft, selbst Führungskräfte zu entwickeln. Die Erkenntnisse, die ein Management Appraisal liefern kann, müssten also theoretisch im Unternehmen vorhanden sein. Diese Meinungen sind ebenso wichtig wie richtig. Nur klaffen Anspruch und Wirklichkeit nicht selten deutlich auseinander.

> **D**as Management Appraisal hilft ganz entscheidend mit, die Führungsmannschaft neu auszurichten; sei es durch Versetzungen innerhalb des Managementteams oder durch das Forcieren gezielter Neueinstellungen für Funktionen im Unternehmen, die derzeit nicht adäquat besetzt sind. Darüber hinaus hilft das Management Appraisal, eine leistungsorientierte Firmenkultur zu verstärken.
>
> Christian G. Schwarz, CEO und stellv. Vorstandsvorsitzender, Glunz AG

Nach unseren Erfahrungen haben nur wenige Unternehmen die Stärken und Schwächen ihrer Führungskräfte einheitlich, konsequent und Flächen deckend evaluiert. Nur wenige Unternehmen können stolz auf ihre Nachfolgeregelungen sein, weil sie mehr leisten als die Auflistung der potenziellen Nachrückkandidaten für definierte Positionen nach dem Senioritätsprinzip. Nur wenige Unternehmen sind wirklich in der Lage, klar zu unterscheiden, welche Leistungsträger durch passgenaue Aufgaben, Inhalte und Rahmenbedingungen angespornt werden und sich weiterentwickeln können, und wo Potenzialträger ungeduldig auf neue Herausforderungen warten. Oder welche Führungskräfte in ihren derzeitigen Aufgaben überfordert sind, sodass entweder ihre Aufgaben neu zugeschnitten werden müssen, oder sie dringend entsprechende Entwicklungsmaßnahmen brauchen. Ein Management Appraisal kann hier zu oftmals überraschenden Erkenntnissen führen. Eine Bestandsaufnahme nach einheitlichen Maßstäben ermöglicht eine klare Aussage über das angemessene Fordern und Fördern einzelner Führungskräfte. So können ebenso kurzfristig Besetzungsentscheidungen getroffen wie auch Entwicklungsmaßnahmen mit unterschiedlichen Zeithorizonten angestoßen werden.

Selbst wenn eine ganze Reihe von Unternehmen inzwischen über eigene ausgefeilte Verfahren und Methoden verfügt, um Führungskräfte in ihren Aufgaben und hinsichtlich ihres Potenzials zu bewerten, so dürfte doch ein Management Appraisal von außen einige entscheidende Vorzüge aufweisen. Zu nennen wäre hier vor allem die Neutralität eines unabhängigen Beraters. Außerdem kann ein externer Dritter seine intensiven Kenntnisse über den Markt und Standards bezüglich der Führungskompetenzen bei relevanten Wettbewerbern für ein Benchmarking einsetzen. Das hilft, die Glaubwürdigkeit der Erkenntnisse und die Nachhaltigkeit der Maßnahmen zu sichern.

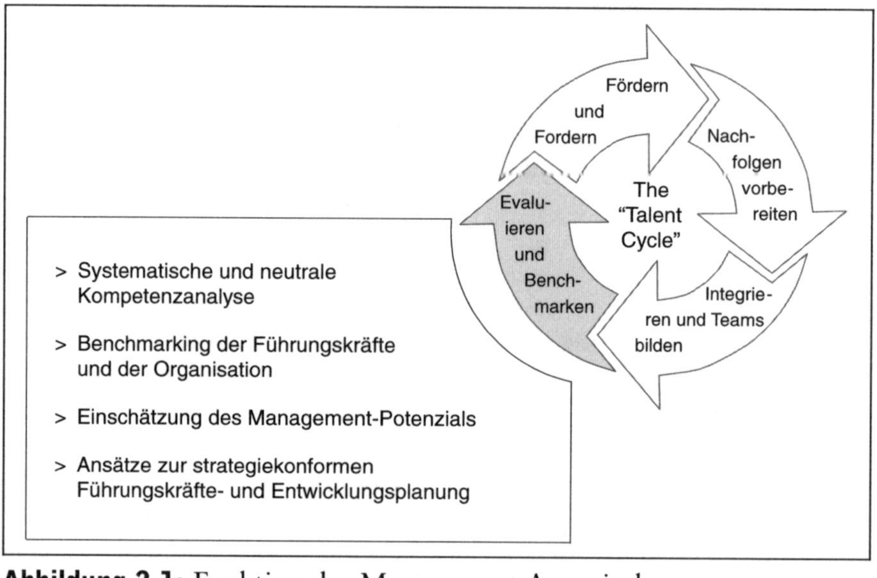

Abbildung 2.1: Funktion des Management Appraisal

Mit dem Anspruch, sowohl neue Informationen zu liefern als auch einen Prozess in Gang zu setzen, hat das Management Appraisal immer zwei Adressaten, deren Interessen gleichermaßen beachtet werden müssen: das Unternehmen und jede einzelne Führungskraft. Ein erfolgreiches Management Appraisal muss sowohl aus der Sicht des Unternehmens als auch aus der jeweiligen Perspektive der einbezogenen Führungskräfte spürbaren Mehrwert stiften. Das bedeutet nicht, dass alle beteiligten Manager mit den Ergebnissen, die ihre eigene Person betreffen, übereinstimmen müssen oder zufrieden sein sollen. Aber nur, wenn alle Beteiligten die Ergebnisse der Bewertung als fair, professionell erstellt und vor allem als relevant, sowohl für das persönliche Fortkommen als auch für das der Organisation, akzeptieren, kann jene breite Einsicht entstehen, die den Anstoß zu notwendigen Veränderungen gibt.

Der Nutzen für das Unternehmen basiert zuallererst auf der gewonnenen Transparenz, die in ihrer Systematik eine ausgezeichnete Grundlage ist, um vorhandene Informationslücken effizient zu schließen. Je nach aktueller Situation und Ausgangslage des Unternehmens sind diese Lücken mehr oder weniger groß. Bei Firmenzusammenschlüssen und -zukäufen etwa ist das Wissensdefizit besonders groß, denn keine Seite kennt die andere. Ein Management Appraisal kann hier kurzfristig helfen, die nötigen Informationen zu gewinnen. Bei dem Tempo, das die Globalisierung in den vergangenen Jahren entwickelt hat, überrascht es auch nicht, wenn in international tätigen Unternehmen häufig keine Länder übergreifende Transparenz vorhanden ist, was Managementkompetenzen und Potenziale angeht. Die Konzernzentralen haben selten eine klare Vorstellung davon, wie die Führungsmannschaften in einzelnen Landesgesellschaften ausgestattet sind, welche Stärken und Schwächen dort vorhanden sind, und wie das Management für weitreichende Maßnahmen im Rahmen strategischer Neuausrichtungen gerüstet wäre.

Der neutrale Blick von außen auch auf Teilbereiche einer Organisation erlaubt eine Stärken- und Schwächenanalyse, die nicht nur eine solide Basis für personelle Entscheidungen bildet, sondern gelegentlich sogar beeinflussen kann, wie die strategischen Weichen gestellt werden. Immer häufiger wollen Unternehmen wissen, wie das eigene Management beim externen Vergleich abschneidet, um die Voraussetzungen für die Umsetzung neuer Strategien zu prüfen.

Der Nutzen, den das Unternehmen aus den neu gewonnenen In-

Nutzen für das Unternehmen	Nutzen für die Führungskraft
> Transparenz bezüglich Managementkompetenz und -potenzial > Benchmarking: Vergleich zu Managementstrukturen und -qualitäten von anderen (Wettbewerbs-) Unternehmen > Neutrale Entscheidungsgrundlage für Einsatz und Entwicklung von Führungskräften	> Faire Analyse und Standortbestimmung durch neutrale Dritte > Persönliches Feedback zu Stärken und Defiziten > Fundament für persönliche Entwicklung und Karriereplanung

Abbildung 2.2: Nutzen eines Management Appraisals

formationen ziehen kann, hilft auch jeder in das Appraisal einbezogenen Führungskraft persönlich weiter: Wo steht der oder die Einzelne mit seinen Stärken und Defiziten in der Organisation, aber auch im Vergleich mit ähnlichen Positionen bei anderen Unternehmen? Wo gibt es individuelle Kompetenzlücken, die geschlossen werden müssen? Wo liegen die persönlichen Stärken, die ausgebaut werden sollten, um das vorhandene Potenzial zu erschließen und um die bisherige oder neue Aufgabe besser zu erfüllen? Nach anfänglichem Unbehagen reagieren die meisten Manager selbst auf kritische Beurteilungen durchaus positiv. Nicht selten erleben die einbezogenen Führungskräfte eine faire, weil unparteiische und von jeglicher Firmenpolitik unbelastete Bewertung ihrer Stärken und Defizite zum ersten Mal. »Das hat mir so noch niemand gesagt!« ist eine Reaktion, die wir häufig sogar in Unternehmen hören, die eine hoch entwickelte Feedback-Kultur haben.

Ein neutraler Dritter kann eben frei von der Firmenhistorie, unbelastet von persönlichen Sym- oder Antipathien und unbefangen im Hinblick auf eine zukünftige Zusammenarbeit in ein Feedback-Gespräch hineingehen. Er gerät in keinen Konflikt hinsichtlich einer kurzfristig notwendigen Motivation und der langfristigen Entwicklung einer Führungskraft, der jeden Vorgesetzten tendenziell dazu verleitet, die kurzfristige Verträglichkeit eines Feedbacks höher zu bewerten als dessen mittel- oder gar langfristige Wirkung. Unangenehme Wahrheiten, die aber unbedingt gesagt werden müssten, wollte man wirklich etwas verändern, bleiben so oft ungesagt. Oder sie werden so verpackt, dass der Adressat sie nicht verstehen muss oder nicht verstehen kann. Ohne die Rolle des neutralen Dritten überzubewerten: Unsere Erfahrung zeigt, dass eine professionelle, verantwortungsbewusste und entsprechend sorgfältige Analyse in Feedback-Gesprächen intensiv von den Führungskräften genutzt wird, um sich so objektiv wie möglich einschätzen zu lassen und daraus Ansätze für die persönliche Entwicklung abzuleiten.

Natürlich hängt der Nutzen für das Unternehmen oder die Führungskraft von der Ausrichtung eines Management Appraisals ab. Der Fokus kann stärker auf die Auswahl von Führungskräften oder auf deren Entwicklung zentriert sein. Bei Merger & Acquisition steht in der Regel eine unmittelbare Besetzungsentscheidung im Vordergrund. Es geht darum, zügig aus zwei oder mehr möglichen Kandidaten die am besten passenden für definierte Positionen auszuwählen und den Vorgang so zu gestalten, dass er den ohnehin schwierigen M&A-Pro-

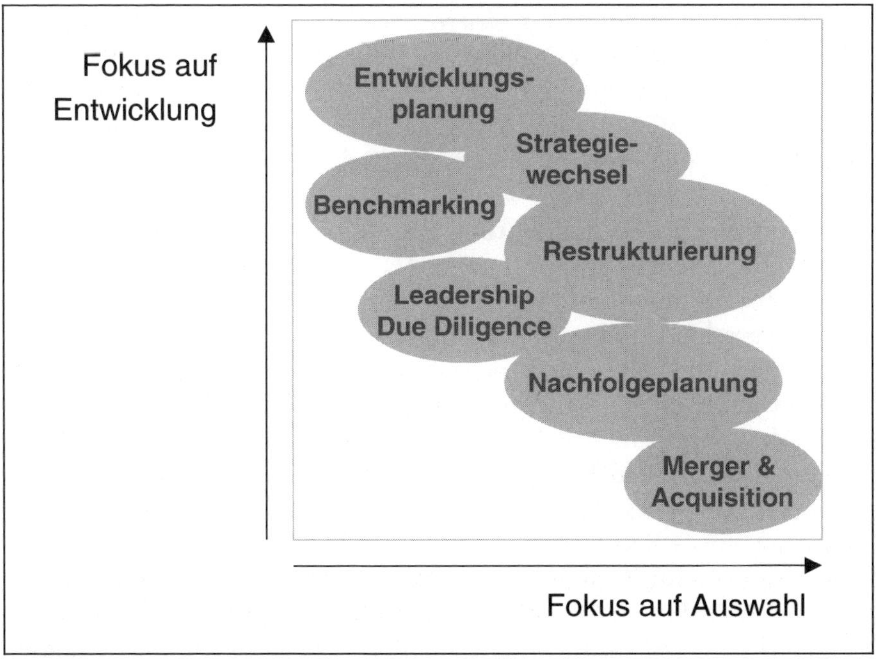

Abbildung 2.3: Ausrichtung eines Management Appraisals

zess möglichst spannungsfrei unterstützt und Vertrauen stiftet. Es wäre jedoch zu kurz gedacht, jede einzelne Position isoliert zu betrachten. Berücksichtigt werden muss ein Gesamtoptimum, denn auch eine Gruppe von hervorragenden, aber wahllos zusammengewürfelten Solisten erzeugt nicht unbedingt ein symphonisches Konzert. In der Praxis werden deshalb auf der Basis des Management Appraisals verschiedene Besetzungsszenarien diskutiert und bewertet.

Der Gegenpol zur Merger-Situation ist die Entwicklungsplanung. Hier geht es dezidiert nicht um Auswahl, sondern allein um das Ziel, eine Bestandsaufnahme zu erhalten und herauszuarbeiten, wie sich einzelne Führungskräfte, verschiedene Teilbereiche oder gegebenenfalls die Gesamtheit der Führungskräfte entwickeln sollte. Zwischen den rein auf die Entwicklung und rein auf die Auswahlentscheidung ausgerichteten Management Appraisals gibt es Zielstellungen, die Mischformen dieser beiden Ausrichtungen darstellen.

Insbesondere bei einer Restrukturierung kann das Management Appraisal einerseits kurzfristige Besetzungsentscheidungen im Fokus haben. Andererseits ergibt sich durch die Analyse des vorhandenen Potenzials oder der zu entwickelnden Kompetenzen, welche Unternehmensstruktur überhaupt kurzfristig möglich oder sinnvoll ist. Nicht selten wird dann in einem Phasenmodell eine Übergangslösung skizziert, die dem vorhandenen oder dem kurzfristig auffrischbaren Potenzial entspricht, um mittelfristig zu einer anderen strukturellen Lösung zu gelangen, sobald die erforderlichen Kompetenzen und das Potenzial vorhanden sind.

Entsprechend der Ausrichtung unterscheiden sich die Ergebnisse von Management Appraisals zum Teil erheblich. Bei Merger- oder Restrukturierungssituationen werden in der Regel Szenarien erarbeitet, die verschiedene Besetzungsvarianten darstellen und miteinander vergleichen. Im Falle von Benchmarking und Due Diligence handelt es sich wie bei einem Strategiewechsel um eine Standortbestimmung, die Stärken und Schwächen der vorhandenen Führungskräfte einordnet, um diese entweder zu bewerten oder Entwicklungsempfehlungen zu geben. Derartige Empfehlungen zur Führungskräfteentwicklung stehen im Vordergrund, wenn es sich um Flächen deckende Entwicklungs- und Nachfolgeplanungen handelt, bei denen Ist- und Soll-Kompetenzen und das entsprechende Potenzial abgeglichen werden.

Entsprechend dieser sehr unterschiedlichen Situationen unterscheiden sich Vorgehen und die zu erarbeitenden Ergebnisse erheblich. Damit

Situation	Kernfrage	Ergebnis
Merger / Restrukturierung	Wie sollen Positionen besetzt werden?	Besetzungsempfehlung und Integrationsbeschleunigung
Benchmarking / Due Diligence	Vergleich zum Best Practice?	Standortbestimmung im Vergleich zum Best Practice
Strategiewechsel	Reichen Kompetenz und Potenzial aus?	Stärken-/Schwächenanalyse als Managementbilanz
Entwicklungs- und Nachfolgeplanung	Welches Potenzial ist vorhanden / entwickelbar?	Entwicklungsplan und Nachfolgeregelung

Abbildung 2.4: Anwendungsfälle und Ergebnisse eines Management Appraisals

wird klar, dass das Management Appraisal kein immer gleicher Standardprozess ist, sondern jeweils ein fallspezifisches Projekt, das sehr sorgfältig von Beginn bis Ende geplant und durchgeführt werden muss.

3. Grundlagen des Management Appraisals

Im Zentrum des Management Appraisals steht die sorgfältige Analyse dessen, wie Führungskräfte besondere Herausforderungen gemeistert oder außergewöhnliche Ergebnisse erzielt haben. Was kann der Blick in die Vergangenheit über die zukünftige Leistung eines Managers aussagen, und wie zuverlässig sind diese Aussagen? Knapp beantwortet: sehr viel und das sehr genau.

> **A**uch wenn Appraisals keine atemberaubenden neuen Erkenntnisse bringen, so wird doch der ›Mantel des Schweigens‹ endlich gelüftet. Es geht weniger um eine mögliche Trennung von der einen oder anderen Führungskraft, als vielmehr um den Ausbau von Stärken und die Eliminierung oder Reduzierung von Defiziten. Die Notwendigkeit von Fördermaßnahmen wird auf eine objektivierte Basis gestellt. Wichtig ist, dass nicht mehr nur über, sondern insbesondere im gemeinsamen Feedback-Gespräch mit dem Mitarbeiter gesprochen wird.
>
> Pepyn Dinandt, Vorsitzender des Vorstands,
> Mannesmann Plastics Machinery AG

Die Vielzahl der Projekte, die wir inzwischen abgeschlossen und jene rund 10 000 Führungskräfte, die wir dabei bewertet haben, erlauben den entscheidenden, nunmehr statistisch gesicherten Schluss: Das Verhalten einer Führungskraft in unterschiedlichen beruflichen Situationen und daraus resultierende Erfolge in der Vergangenheit sind ein valider Gradmesser dafür, wie der betreffende Manager mit ähnlichen Situationen in der Zukunft umgehen wird – und eben wieder erfolgreich sein wird.

Erste Anhaltspunkte für die Einschätzung liefert der Bildungs- und len oder multimethodalen Anspruch gesprochen. In den Appraisals, wie sie Egon Zehnder International praktiziert, spielen neben den Interviews die Referenzen eine wichtige Rolle. Dabei geht es nicht darum, verschiedene Meinungen aufzunehmen und zu verdichten, sondern allein um die Gegenprobe zu den Analyseergebnissen aus dem Interview. Es wird niemals aus Referenzen zitiert. Es gibt auch keinen gesonderten »Referenzbericht«. Die zusätzlichen Auskünfte dienen ausschließlich dazu, Ergebnisse unserer Analyse auf Basis der Fakten aus dem Lebenslauf und des Interviews abzusichern. Daneben haben Referenzen einen heilsamen Effekt. Wenn die Appraisal-Methode vorgestellt wird und wir ankündigen, dass Referenzen eingeholt werden, hält dies sicher Führungskräfte von übertriebenen Darstellungen ihrer Fähigkeiten ab. Ein Manager, der sich selbst als Teamspieler präsentiert, von anderen hingegen als wenig hilfreicher Kollege charakterisiert wird, hätte sich mit solcher krassen Fehleinschätzung seiner selbst einen Bärendienst erwiesen.

3.1 Methodische Abgrenzung des Management Appraisals

Das Management Appraisal, basierend auf Lebenslauf, Interview und Referenzen, weist ohne Frage deutliche Überschneidungen mit anderen Verfahren zur Ermittlung von Kompetenzen und Potenzialen auf. Das ist nicht verwunderlich, geht es doch im weiteren Sinn immer um die gleiche Zielsetzung: Wie findet das Unternehmen jene Männer und Frauen, die das Zeug dazu haben, Verantwortung zu übernehmen und die richtigen Entscheidungen zu treffen, die andere begeistern und leiten können? Es ist die Hoffnung auf fehlerfreie Aussagen über die gesuchten Eigenschaften, die Personalverantwortliche, Vorgesetzte, ja auch Consultants treibt, wenn sie möglichst viele unterschiedliche Elemente wie Interviews, Fragebögen, Tests und Fallbeispiele kombinieren. Aber ob viel auch immer viel hilft? Das darf bezweifelt werden. Nicht, dass viele Methoden automatisch das Ergebnis verfälschten. Aber die Praxis zeigt, dass die Kompetenz- und Potenzialanalysen, die auf der Basis von Interviews und Referenzen entstanden sind, eine so hohe Treffsicherheit haben, dass mehr Aufwand die Quote nicht wesentlich erhöht. Gleichwohl kann eine spezifische Situation es erfordern, dass andere methodische Elemente hinzu gezogen werden. Und es gibt auch Fälle, in denen ein Management Appraisal nicht das geeignete Instrument ist.

Welche Überschneidungen und Unterschiede weist das Management Appraisal nun zu anderen gängigen Evaluierungsverfahren auf?

Assessment Center (AC): Im AC werden die Interaktionen von Führungskräften beobachtet; in gestellten, aber möglichst realitätsnahen Situationen, die einen Bezug zur tatsächlichen beruflichen Aufgabe haben. Die Hauptkritik an diesem Verfahren kommt von den Führungskräften selbst. Sie empfinden es als unangemessen, wenn sie, die teilweise langjährige praktische Erfahrungen vorweisen können, nun »Spielchen« machen sollen. Der Aufwand, wirklich relevante und gute Fälle vorzubereiten, ist zudem groß. Bei Nachwuchsmanagern, die keine Historie in Führungsaufgaben haben, ist das Assessment Center dagegen gut geeignet, um mangels der realen Erfahrung das entsprechende Verhalten in der Interaktion zu beobachten und daraus Schlüsse zu ziehen. Eignungsdiagnostiker weisen freilich darauf hin, dass pfiffige Jungkräfte längst wissen, dass beim AC eine gelungene Selbstdarstellung Punkte bringt und das favorisierte Verhalten vorher gezielt üben; der umfangreichen Ratgeber-Literatur über ACs sei Dank.

Psychometrische Tests: Besonders im angelsächsischen Raum erfreuen sich psychometrische Tests in Form von Fragebögen an Führungskräfte und Dritte, die die Führungskraft gut kennen, großer Beliebtheit. Es gibt eine ganze Reihe von wissenschaftlich anerkannten Verfahren. Während ein sehr aussagekräftiges und differenziertes Bild über Persönlichkeit und Eigenschaften einer Führungskraft entstehen kann, ist es eher fraglich, ob sich aus dieser deskriptiven Analyse eine zutreffende Potenzialprognose über die Kompetenzen in einer bestimmten Aufgabe ableiten lässt. Gute Erfahrungen haben wir bei Egon Zehnder International gemacht, wenn wir psychometrische Tests mit einem Management Appraisal kombiniert haben. Insbesondere in den Feedback-Gesprächen mit den Kandidaten haben sich die Ergebnisse der Tests als hilfreich erwiesen, um eine Brücke zwischen den identifizierten Eigenschaften (deskriptives Bild) und den von uns ermittelten Kompetenzlücken zu schlagen. Zu grundsätzlich anderen Erkenntnissen führten die Informationen jedoch nur sehr selten, so dass die Tests eher von zusätzlichem als grundsätzlichem Nutzen waren.

Vorgesetztenbeurteilung: Der größte Vorteil dieser Art der Beurteilung ist die meist unmittelbare und kontinuierliche Sicht des Vorgesetzten auf die Leistung seiner Führungskräfte. In der Praxis sind diese Beurteilungen aber häufig trotz eines vorgegebenen Rasters nicht so differenziert wie gewünscht und manchmal von persönlichen Zu- oder Abneigungen geprägt. Nicht eben selten wird die Beurteilung auch zum Instrument einer kurzfristigen Motivation umfunktioniert und ist damit wenig objektiv. Das Management Appraisal erfolgt dagegen aus der Sicht eines neutralen Externen, der keine Rücksichten auf interne Politik zu nehmen braucht. Auch das Benchmarking zu Kompetenzprofilen in anderen Unternehmen ist eine Komponente, die nur das Management Appraisal bietet. Das Management Appraisal durch einen Externen und die Vorgesetztenbeurteilung ergänzen sich daher optimal. Ersetzen kann ein Management Appraisal die Vorgesetztenbeurteilung natürlich nicht. Der Abgleich zwischen beiden sichert die jeweiligen Bewertungen ab und schließt Fehlurteile mit größtmöglicher Wahrscheinlichkeit aus.

360°-Feedback: In teils sehr aufwändigen Aktionen erheben immer mehr Unternehmen systematisch 360°-Feedbacks zu ihren Führungskräften. Mitarbeiter, Kollegen, Vorgesetzte, sogar Kunden sollen sich mittels Fragebögen zum Führungsverhalten eines bestimmten Managers äußern. Einige Unternehmen leisten diese Aufgabe ausschließlich mit internen Ressourcen, andere lassen sich vor allem bei der Moderation und Interpretation von Externen unterstützen. Bei der Analyse der kodifizierten Fragebögen stellt sich häufig die Frage, ob das Feedback nicht zu undifferenziert ist, weil die Befragten vor klaren Aussagen in schriftlicher Form zurückschrecken. Oder das Feedback fällt im Gegenteil übertrieben einseitig und negativ aus, weil es gezielt benutzt wird, um Front gegen unbequeme oder unbeliebte Führungskräfte zu machen. Wenn beim Management Appraisal Referenzen eingeholt werden, dann mit wesentlich geringerem Aufwand und weniger strukturiert. Da es nicht Ziel eines Management Appraisals ist, Eigen- und Fremdbild zu vergleichen, haben die Referenzen hier nur die Funktion des Crosschecks. Außerdem werden sie im Dialog und nicht kodifiziert aufgenommen. Die Berater können unmittelbar nachfragen und sich so klar darüber werden, wie bestimmte Aussagen in der Nuance gemeint und zu werten sind. Dies ist insbesondere dann von Bedeutung, wenn in einer Führungsmannschaft Spannungen bestehen, die mit Sensibilität und Umsicht berücksichtigt werden müssen.

3.2 Grenzen eines Management Appraisals

Wir wollen es gar nicht verhehlen: Ein Management Appraisal macht Arbeit und sorgt im Unternehmen erst einmal für Unruhe. Es macht wenig Sinn, es alle zwölf Monate wieder einzusetzen; zumal Erkenntnisse aus dem Appraisal erst verarbeitet und daraus resultierende Schritte, etwa in der Führungskräfteentwicklung, eingeleitet werden müssen. Von einem Management Appraisal darf also nicht erwartet werden, dass es andere Evaluierungssysteme ersetzt oder gar überflüssig macht. Eigene Leistungsüberblicke, bei denen der Mitarbeiter eine Selbsteinschätzung vornimmt, oder interne Standortbestimmungen, bei denen der Vorgesetzte bewertet, sollten neben den Appraisal-Ergebnissen die Grundlage etwa für regelmäßige Zielgespräche sein. Vor allem aber sollte die externe Bestandsaufnahme genutzt werden, um die interne Führungskräfteentwicklung zu unterstützen oder zu verbessern. Die Aufschlüsse, die das Appraisal sowohl über die individuellen Kompetenzen als auch in der Summe über die Stärken und Schwächen einer kompletten Führungsmannschaft in Bezug auf die zu bewältigenden Aufgaben liefert, erlauben es den Unternehmen, ihre Förderprogramme und Entwicklungsmaßnahmen ganz gezielt darauf zuzuschneiden.

Ausdrücklich gewarnt werden muss jedoch vor der Erwartung, das Appraisal liefere zur Erkenntnis auch gleich die Lösung. Gerne werden Anbieter von Evaluierungsverfahren von den Unternehmen damit beauftragt, ihre Erkenntnisse in entsprechende Maßnahmen umzusetzen. So vorzugehen ist fragwürdig, denn es ist eine der wichtigsten Aufgaben des Unternehmens und jeder Führungskraft selbst, Führungskräfte zu fördern. Nach wie vor gilt: »leaders develop leaders«. Der externe Berater sollte als Katalysator und in der Folge vielleicht noch als Facilitator bei der Umsetzung verstanden werden. Deshalb weisen wir in unseren Projekten immer wieder darauf hin, dass unsere Management Appraisals nur Bausteine sind, ein solides Fundament, auf dem wirkungsvolle Führungskräfteentwicklung aufbauen kann; ein guter Anfang, aber nicht schon das Ende.

In intensiven Feedback-Gesprächen, in denen schließlich nicht irgendein neutrales Thema, sondern wichtige Züge der Persönlichkeit eines Menschen diskutiert werden – und dies, wenn es gut läuft, mit großer Offenheit – ist gar nicht auszuschließen, dass der jeweilige Manager im Bewerter auch den Ratgeber sucht; zumal es eine professionelle Selbstverständlichkeit ist, auch unangenehme Wahrheiten so zu vermitteln, dass der Gesprächspartner sich nicht attackiert und demontiert, sondern unterstützt fühlt. Der »Appraiser« sollte dennoch nicht den Anspruch verfolgen, zum Coach der evaluierten Führungskraft zu werden. Ziel des Feedbacks des Externen an die Führungskraft ist es, ihm oder ihr so objektiv wie möglich Stärken und Defizite vor Augen zu führen und zu erreichen, dass der oder die Betreffende diese akzeptiert. Ein Coaching kann erst beginnen, wenn die Führungskraft die Ergebnisse des Feedbacks verarbeitet hat und für sich entschieden hat, an den identifizierten Problemen arbeiten zu wollen.

Trotz der hohen Treffsicherheit, die wir in unseren Appraisals feststellen, wollen wir doch darauf hinweisen, dass es sich hierbei nicht um eine exakte Wissenschaft im mathematischen Sinne handelt. Trotz aller Professionalität und trotz großen Verantwortungsbewusstseins sind der Analyse hinsichtlich der Genauigkeit Grenzen gesetzt. Es gibt immer wieder Grauzonen bei bestimmten Beobachtungen. Es kann deshalb durchaus vorkommen, dass es kein einhelliges Urteil bei der Evaluierung einzelner Führungskräfte gibt. Aufschlussreich ist aber, dass gerade jene Führungskräfte, die nicht mit dem Ergebnis ihrer Evaluierung einverstanden sind, von ihren Vorgesetzten anders gesehen werden als sie selbst sich sehen. Die Vorgesetzten stimmen in den allermeisten Fällen der Einschätzung aus dem Management Appraisal zu.

3.3 Vor- und Nachteile

In Unternehmen agieren Menschen, und weil dies so ist, unterliegen Entscheidungen vielen Einflüssen unterschiedlichster Art und Intention. Nicht selten spielen bei internen Beurteilungen von Führungskräften ganz verschiedene Motive eine Rolle. Da wird beispielsweise nicht der Mitarbeiter mit dem am besten passenden Kompetenzprofil befördert, sondern der am besten Angepasste, dem der Vorgesetzte sich verpflichtet fühlt. Oder jener mit dem besseren Netzwerk zu den wesentlichen Entscheidungsträgern. Talente werden durch weniger qualifizierte Vorgesetzte aus Existenzangst blockiert oder wichtige Leistungsträger in einem Bereich bewusst nicht gefördert, um sie dort zu halten. Ein wesentlicher Vorteil des Management Appraisals durch externe Experten liegt darin, dass diese derartige Konstellationen weder kennen noch berücksichtigen müssen, so dass sie neutral und objektiv urteilen können.

Große, international agierende Unternehmen könnten ein Flächen deckendes Management Appraisal mit der eigenen Mannschaft kaum innerhalb eines adäquaten Zeitrahmens durchführen. Sie brauchen in der Regel Unterstützung. Zudem sichern methodisch geschulte externe »Appraiser« einen einheitlichen Qualitätsstandard, auch Länder übergreifend.

Die einheitliche Basis, auf der Manager nach einer definierten Systematik bewertet werden, ermöglicht den Vergleich mit Führungskräften aus anderen Unternehmen und Branchen im Sinne eines Benchmarks. Anhand der umfangreichen Ergebnisse und der Vielzahl der Projekte, die im Lauf der Jahre in der Egon Zehnder International Management Appraisal-Datenbank erfasst worden sind, können beispielsweise sehr schnell das Niveau ausgewählter Kompetenzen mit dem Markt oder die Leistungsverteilung einer Organisation mit der eines Benchmark-Unternehmens verglichen werden.

Verglichen mit angelsächsischen Ländern, sind es Führungskräfte in Deutschland nicht gewohnt, einer Bewertung unterzogen zu werden. Viele reagieren deshalb mit Unsicherheit, fühlen sich vielleicht sogar brüskiert. Es ist deshalb wichtig, dass die Unternehmensleitung Vertrauen schafft und sehr klar darstellt, was sie mit dem Appraisal bewirken will, wie es ablaufen wird und wie die Ergebnisse verwendet werden. Oftmals entsteht dann sogar ein positiver Bumerang-Effekt, wenn die Mitarbeiter das Verfahren als Chance erkennen, sich neutral und unvoreingenommen beurteilen zu lassen. Sowohl positive Überraschungen als auch Frustrationen sind aber nicht auszuschließen. Auf beides muss das Unternehmen vorbereitet sein und damit umgehen können.

Denn ein Management Appraisal setzt eine ganze Kette von Prozessen in Gang, mit denen das Unternehmen vorab so vielleicht nicht gerechnet hat. Wem das Potenzial für weiterführende Aufgaben testiert worden ist, der erwartet von der Firma alsbald entsprechende interessante Angebote oder zumindest eine systematische Personalentwicklung. Während Potenzialträger ungeduldig auf den nächsten Karriereschritt oder anders geartete Anerkennung harren, sind solide Leistungsträger, denen kein Potenzial attestiert wird, möglicherweise nachhaltig demotiviert, weil sie keine Zukunft für sich sehen. Vor allem jene, die sich bisher zu den Potenzialträgern gerechnet haben, nun aber lediglich als Leistungsträger eingestuft wurden, bedürfen besonderer Betreuung. Sie emigrieren sonst leicht in die innere Kündigung oder verlassen die Firma ganz. Auch auf diese Wirkung des Management Appraisals muss das Unternehmen vorbereitet sein.

4. Konzeption der Bewertungsmethode – das Egon Zehnder Model of Competence

Jedes Appraisal muss einer klaren Systematik folgen. Nur so ist sicher gestellt, dass alle relevanten Dimensionen der Bewertung erfasst werden. Nur so können die Ergebnisse verschiedener Appraisals miteinander verglichen werden. Die einheitliche Messbasis ist die unabdingbare Voraussetzung für eine konsistente Bewertung, auch wenn unterschiedliche Personen die Appraisals durchführen und dies in verschiedenen Kulturkreisen und Ländern tun – etwa bei internationalen Aufträgen.

> **M**it 90 Prozent der Ergebnisse können wir uns nahezu hundertprozentig einverstanden erklären. Bei 10 Prozent liegen Unternehmen und Beratungsfirma auseinander, was jedoch in der Diskussion den Blick auf die eine oder andere Führungskraft noch einmal schärft.
>
> Michael Hanisch, ehem. Vorsitzender des Vorstands, SMS Demag AG

Was wird gemessen, und wie wird es gemessen? Grundlage des Modells von Egon Zehnder International ist die Annahme, dass das Verhalten von Führungskräften in Geschäftssituationen und daraus resultierende Erfolge in der Vergangenheit einen Gradmesser dafür darstellen, wie sie mit ähnlichen Situationen in der Zukunft umgehen werden. Daraus lässt sich eine qualitative Erfolgswahrscheinlichkeit ableiten, inwieweit jemand in einer zukünftigen Aufgabe Erfolg haben wird (»Performance oriented Prediction«).

Die Unternehmen haben sich in den vergangenen Jahren mit immer rascheren Veränderungen in ihrem Umfeld auseinandersetzen müssen – von der rasanten Entwicklung neuer Technologien bis hin zur Globalisierung. Mit dem, was und wie sie vor zehn Jahren waren, haben viele Firmen heute kaum noch etwas gemein. Vor diesem Hintergrund mag es zunächst erstaunen, dass die Anforderungen an Führungskräfte in ganz unterschiedlichen Industriezweigen sehr ähnlich waren und sind. Fachliche Besonderheiten nehmen bei zunehmender Leitungsverantwortung an Bedeutung ab. Bei genauerer Betrachtung verfügen gerade die begabtesten Manager über jene Kompetenzen, die Wandel ermöglichen und vorantreiben. Insofern hat sich der Set an Fähigkeiten, den wir in unseren Appraisals untersuchen und beurteilen, als qualitativ stabil und als nicht von irgendwelchen Managementmoden abhängig erwiesen. Das generische Modell ist in vielen Branchen und Situationen anwendbar. Ein gleich bleibender Standard erlaubt überhaupt erst, dass Unternehmen, sogar aus unterschiedlichen Branchen, miteinander verglichen werden können. Wir können zeitliche Entwicklungen verfolgen. Und wir können eine Best Practice der Kompetenzen identifizieren, die anderen Unternehmen als Messlatte dient.

4.1 Definition, Auswahl und »Messen« von Kompetenzen

Zehn Kernkompetenzen sind es, die dem Egon Zehnder Model of Competence zugrunde liegen. Sie decken die wesentlichen Fähigkeiten ab, über die eine Führungskraft verfügen muss.

Für jede Kompetenz haben wir in unserem Modell genaue Indikatoren beschrieben, an Hand derer wir entscheiden können, ob eine bestimmte Fähigkeit bei der jeweiligen Führungskraft mehr oder weniger ausgeprägt ist. In einer siebenstufigen Skala von »schwach« bis »stark« sind die zugehörigen Bewertungscharakteristika eindeutig beschrieben und festgelegt. Sie erlauben so eine punktgenaue Einordnung. Die Feinskalierung schränkt den Spielraum für Interpretationen bei den Bewertern weitgehend ein und gewährleistet somit, dass Urteile ebenso objektiv wie fair gefällt werden und miteinander vergleichbar sind. Zudem tragen wir mit unterschiedlich definierten Schwierigkeitsgraden der Tatsache Rechnung, dass an einen Topmanager in der obersten Führungsetage eines Unternehmens andere An-

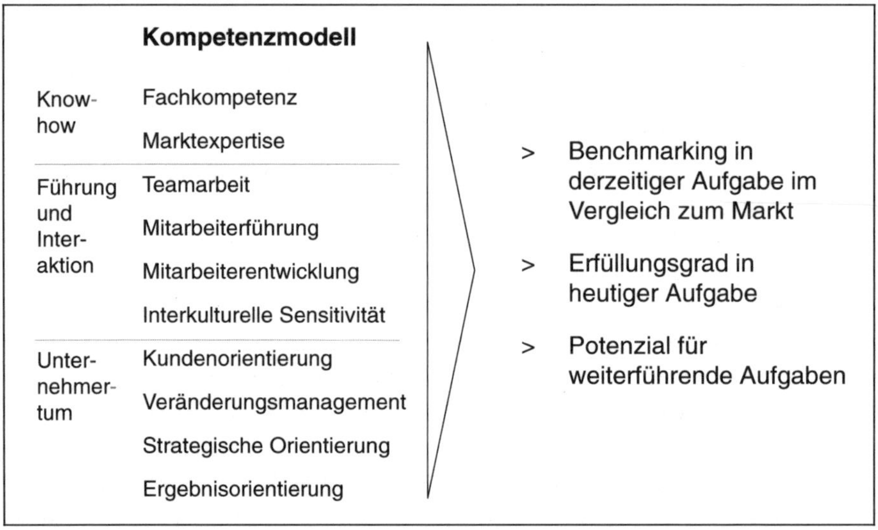

Abbildung 4.1: Die Kompetenzanalyse ist die Basis für das Benchmarking und die Potenzialaussage

sprüche gestellt werden als an Führungskräfte auf der unteren oder mittleren Ebene.

Jeder Berater bei Egon Zehnder International ist mit Management Appraisals befasst und mit den Definitionen des Grundmodells vertraut. Eindeutig ist darin beschrieben, was die einzelnen Kompetenzen ausmacht – und was nicht:

- Bei *Fachkompetenz* geht es nicht darum, den Grad eines Expertenstatus zu messen, sondern in erster Linie um die Fähigkeit, Wissen nutzbringend für das Unternehmen einzusetzen. Das beinhaltet auf der unteren Stufe lediglich den Einsatz von spezialisiertem Fachwissen. Die mittlere Stufe dieser Kompetenz zeichnet sich dadurch aus, dass die Führungskräfte sich ständig weiterbilden und ihre Kenntnisse in der Organisation weitergeben. Spitzenkräfte setzen Expertenwissen in gesamtunternehmerischen Fragen gezielt und mit nachhaltiger Wirkung ein.
- *Marktexpertise* beschreibt das Verständnis für das Umfeld des Unternehmens, etwa seiner relevanten Märkte, Kunden, Wettbewerber und Rahmenbedingungen. Die untere Stufe beschreibt hier Grundkenntnisse. Auf mittlerem Niveau müssen Manager detaillierte Kenntnisse besitzen und zum Beispiel Trends frühzeitig erkennen

können. Topmanager zeichnen sich dadurch aus, dass sie Veränderungen des Marktes nicht nur wahrnehmen, sondern selbst gestalten.

- *Teamarbeit* ist definiert als die Fähigkeit, effizient und mit positiven Auswirkungen für das Unternehmen mit Gleichgestellten oder in einem heterogenen Team zusammen zu arbeiten. Es geht nicht um die Führung der Gruppe, sondern um die Fähigkeit, als Teil des Teams einen Beitrag zu leisten und Mehrwert zu schaffen. Darin kommt auch die Überzeugung zum Ausdruck, dass man gemeinsam stärker ist. Die untere Stufe der Kompetenz beschreibt Hilfsbereitschaft und zielorientierte Unterstützung. Führungskräfte auf der mittleren Kompetenzstufe praktizieren ausgeprägte Teamarbeit: Sie geben und nehmen zum Wohl des Ganzen. Von Topmanagern ist zu erwarten, dass sie durch ihren persönlichen Beitrag das Teamverhalten anderer beeinflussen oder gar entwickeln. Beispielsweise bauen und prägen sie internationale oder bereichsübergreifende Gruppen, wo es solche bisher nicht gab.
- *Mitarbeiterführung* bedeutet, dass eine Führungskraft ihre Mitarbeiter so lenken und anleiten kann, dass diese zu einer handlungsfähigen, gut koordinierten Gruppe zusammenwachsen, und zwar sowohl in offiziellen Teams als auch in informellen Gruppen. Auf der unteren Stufe drückt sich die entsprechende Kompetenz darin aus, dass der Manager seinen Mitarbeitern den grundlegenden Handlungsrahmen setzt. Die mittlere Kompetenzstufe beschreibt Manager, die ihr Team befähigen, die eigene Leistung aktiv voranzutreiben, was die Beeinflussung der erfolgsrelevanten Voraussetzungen einschließt. Führungskräfte der oberen Kompetenzstufen delegieren Entscheidungsbefugnisse weitreichend. Sie spornen ihre Mitarbeiter durch Vorbild, Motivation und Selbstverantwortung zu Spitzenleistungen an. Sie managen Manager.
- Unter *Mitarbeiterentwicklung* ist zu verstehen, dass Führungskräfte ihre Mitarbeiter langfristig fördern und Freude daran haben, andere in ihrer persönlichen Entwicklung oder Karriere voranzubringen. Das heißt nicht, sie »ohne Vorwarnung« mit neuen Aufgaben und Anforderungen zu konfrontieren. Die untere Stufe dieser Kompetenz bedeutet, andere dazu zu ermuntern, sich weiter zu entwickeln und zu verbessern. Auf der mittleren Stufe ergreifen Vorgesetzte aktiv Fördermaßnahmen und geben verhaltensorientiertes Feedback. Top-Führungskräfte pflegen und entwickeln das Humankapital ihres Unternehmens aktiv und systematisch.

- *Interkulturelle Sensitivität* heißt regionale, organisatorische oder berufliche Kulturunterschiede zu erkennen und angemessen mit ihnen umzugehen. Auf der unteren Ebene dieser Kompetenz werden hier Verständnis und Akzeptanz für kulturelle Unterschiede erwartet. Die mittleren Kompetenzstufen beschreiben ein effizientes Agieren in verschiedenen Kulturen und die Fähigkeit, Brücken zwischen den Welten schlagen zu können. Von Topmanagern wäre zu erwarten, dass sie ihr kulturelles Umfeld prägen, indem sie Elemente anderer Kulturen aufnehmen und integrieren.
- Bei der Kompetenz *Kundenorientierung* handelt es sich um den Dienst am Kunden und die Fähigkeit, Beziehungen aufzubauen, die für beide Seiten Wert schaffen. Es geht nicht mehr nur um Verkauf im traditionellen Sinn. Auf der unteren Ebene besteht die Bereitschaft, dem Kunden bei Bedarf zu helfen und Informationen zu sammeln, um ihn besser kennen zu lernen. Auf der mittleren Ebene haben Führungskräfte die Bedürfnisse des Kunden differenziert verstanden und agieren entsprechend. Auf der oberen Ebene werden die Bedürfnisse des Kunden antizipiert und proaktiv erfüllt. Ziel ist eine dauerhafte, vertrauensvolle Partnerschaft.
- *Veränderungsmanagement* bedeutet, dass Führungskräfte Veränderungen akzeptieren und die notwendigen Prozesse in Gang setzen. Bei der Neuausrichtung des Unternehmens gehen sie neue Wege. Sie müssen dazu nicht selbst Strategien oder die Stoßrichtung der Veränderungsprozesse definieren. Ein guter »Change Leader« kann vor allem die Unterstützung der Mitarbeiter für Veränderungsprozesse gewinnen. Die untere Stufe dieser Kompetenz heißt, Veränderungsprozesse zu akzeptieren und zu unterstützen. Auf den mittleren Stufen stellen die Führungskräfte den Status quo in Frage, machen auf unbefriedigende Zustände oder ungenutzte Möglichkeiten aufmerksam und überzeugen ihre Mitarbeiter von notwendigen Veränderungen. Die oberste Stufe heißt, komplexe und grundsätzliche Veränderungsprozesse voranzutreiben.
- *Strategische Orientierung* erfordert langfristiges, strategisches Denken über die Grenzen des eigenen Verantwortungsbereichs hinaus. Diese Kompetenz setzt die Fähigkeit voraus, in komplexen Zusammenhängen zu denken und vereint sowohl analytische als auch konzeptionelle Fähigkeiten. Fantasievolle Visionen zu entwickeln reicht hier nicht. Vielmehr müssen Manager mit dieser Kompetenz durchdachte Konzepte ausarbeiten können. Auf der unteren Ebene geht

es dabei um fundierte Kenntnisse des eigenen Bereichs und Verständnis für die Zielsetzungen. Das schließt ein, Chancen für Veränderungen zu erkennen. Auf der mittleren Ebene entwickelt die Führungskraft Teilstrategien innerhalb der Gesamtzielsetzung des Unternehmens. Topmanager können neue langfristige Konzepte entwickeln, die eine Vielzahl von Aspekten integrieren und sich positiv auf die Entwicklung des gesamten Unternehmens auswirken.

- *Ergebnisorientierung* bedeutet, dass die Führungskraft danach strebt, mit ihren Aktivitäten die Geschäftsergebnisse nachhaltig zu verbessern. Das heißt nicht, einfach mehr von den Mitarbeitern zu verlangen, sondern Wege zu finden, die höhere Leistungen ermöglichen. Auf der unteren Ebene heißt dies, sich zu bemühen, die vorgegebenen Ziele zu erreichen und Fehler zu vermeiden. Die mittlere Ebene bedeutet, den Willen zu haben, die Vorgaben mindestens zu erreichen und möglichst zu übertreffen. Auf der höchsten Ebene werden Spitzenleistungen durch die effizientere Gestaltung von Prozessen und Strukturen erzielt; das heißt, nicht »härter, sondern schlauer« zu arbeiten.

Die Feinabstufung, die wir dann innerhalb jeder Kompetenz je nach festgestellter Ausprägung vornehmen, zeigt Abbildung 4.2 beispielhaft

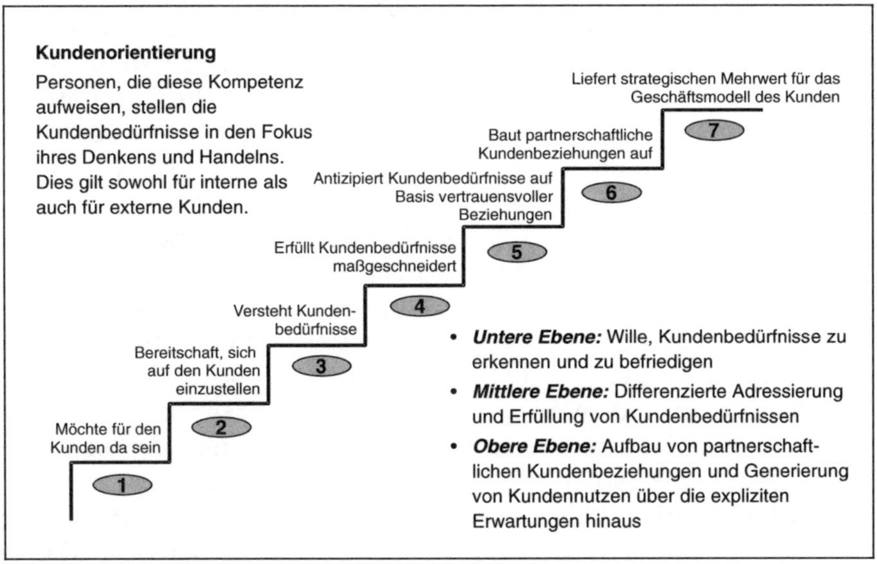

Abbildung 4.2: Beispiel: Bewerten der Kundenorientierung

für die Kompetenz Kundenorientierung. Hinter jeder einzelnen Stufe stehen nochmals drei bis fünf Indikatoren, die genau beschreiben, wie sich die Stufe zur nächst höheren oder niedrigeren abgrenzt.

Erst in der Relation zu definierten Sollwerten werden die tatsächlich festgestellten Bewertungen einer Führungskraft schließlich voll aussagekräftig. Für jede Kompetenz wird deshalb in einer frühen Phase des Appraisals ein Sollniveau definiert. Diese Werte werden in Workshops, an denen Berater und Vertreter des Unternehmens teilnehmen, gemeinsam erarbeitet; keine triviale Aufgabe. Denn die Sollniveaus richten sich einerseits nach den Aufgabenschwerpunkten einer Position und der damit verbundenen Verantwortung, andererseits nach der spezifischen Situation des Unternehmens. So wird die Kompetenz »Ergebnisorientierung« bei einem Massenguthersteller in einer Turnaround-Situation eine relativ höhere Bedeutung haben als bei einem technikgetriebenen Unternehmen, das mit hohen Margen erfolgreich am Markt etabliert ist und Innovationen vorantreiben muss.

Wir stellen in den vorbereitenden Workshops immer wieder fest, dass die Unternehmen die Latte für die Sollwerte unrealistisch hoch legen. Viel zu oft orientieren sie sich an einem Idealbild. Das mag wünschenswert erscheinen, würde aber nur zu Frustrationen auf allen Seiten führen. Wir plädieren deshalb stets für eine Untergrenze, die ausweist, dass die Führungskraft, bezogen auf die jeweilige Kompetenz, ihre Aufgaben gerade noch befriedigend erfüllt. Daraus folgt, dass jede Abweichung nach unten bedeutet: Hier kann nicht nur, sondern hier sollte etwas verbessert oder verändert werden. Wenn das Soll als Mittelwert festgelegt wird, ist auch sehr leicht abzulesen, wer deutlich besser abschneidet; ein wichtiges Indiz für eine mögliche Potenzialaussage.

Eine Führungskraft, die in jeder definierten Kompetenz den Sollwert erreicht, erfüllt demnach ihre Aufgaben solide; nicht mehr. Sie weist kein Potenzial für anspruchsvollere Aufgaben auf. Abweichungen nach unten, vor allem, wenn sie bei mehreren Kompetenzen auftreten, legen den Schluss nahe, dass Manager und derzeitige Aufgabe nicht zueinander passen. Als Potenzialträger empfiehlt sich dagegen, wer deutlich über dem Sollprofil seiner derzeitigen Tätigkeit liegt. Wenn Unternehmen und Berater neben den Sollprofilen der aktuellen Aufgaben, die die zu bewertenden Führungskräfte ausüben, auch die Profile für künftige und/oder anspruchsvollere Jobs definiert haben, lässt sich anhand der absoluten Kompetenzausprägungen der Manager sehr leicht feststellen, wer wohin passt.

4.2 Leistungs- und Potenzialbeurteilung

Das Appraisal hat denn auch zwei Bewertungsdimensionen: die eine die Gegenwart, die andere die Zukunft betreffend. Der Erfüllungsgrad in der heutigen Aufgabe beschreibt, in welchem Maß die jeweilige Führungskraft ihre gegenwärtige Position ausfüllt. Das ermittelte Potenzial für weiterführende Aufgaben gibt an, in wieweit dem betreffenden Manager innerhalb eines überschaubaren Zeitraums mehr Verantwortung und neue Herausforderungen übertragen werden können.

Die Leistungs- und Potenzialbeurteilung erfolgt in einer Gesamteinschätzung in einem Portfolio, das sechs Kategorien unterscheidet:

- *Stars* erfüllen die heutigen Aufgaben ihrer Position voll und besitzen ein sehr hohes Potenzial für weiterführende Aufgaben. Dies haben sie beispielsweise unter Beweis gestellt, wenn sie Aufgaben mit weit höherer Verantwortung, etwa in Projekten, brillant gelöst haben. Diese Personen sind in der gegenwärtigen Position unterfordert und können kurzfristig mindestens eine weitere Karrierestufe nehmen.
- *Leistungsträger mit Potenzial* erfüllen ihre aktuelle Funktion in hohem Maß und besitzen Potenzial für den nächsten Schritt oder für eine deutlich vergrößerte Verantwortung. Verbunden mit einer kla-

Abbildung 4.3: Matrix der Potenzial- und Aufgabenerfüllung

ren Perspektive müssen diese Führungskräfte nicht nur gefördert, sondern motiviert werden. Wie die Stars erhalten sie häufig Angebote und manchmal sehr interessante Herausforderungen von Wettbewerbern.
- *Leistungsträger* sind »auf dem richtigen Platz«. Sie erfüllen die Herausforderungen ihrer Position gut, haben aber kurzfristig kein oder nur geringes Potenzial für weiterführende Aufgaben. Sie übernehmen in der Organisation eine wichtige, stabilisierende Funktion und müssen motiviert und gegebenenfalls langfristig entwickelt werden.
- *Talente* weisen zwar ein hohes Potenzial auf, konnten aber in der gegenwärtigen Position noch nicht unter Beweis stellen, dass sie ihre Aufgaben nachhaltig erfüllen. Sie sind die »Goldfische« in der Führungskräfteentwicklung und in der Regel noch lange nicht am Ende ihrer Möglichkeiten angekommen. Deshalb sollten sie unterstützt werden, um ihre weitere Entwicklung sicherzustellen.
- *Weitere Analyse* umfasst jene Führungskräfte, die den Anforderungen der heutigen Position nur unvollständig entsprechen. Da sie aber das Potenzial haben, diese oder andere Aufgaben grundsätzlich zu erfüllen, sollten sie mit Hilfe von Personalentwicklungsmaßnahmen oder in alternativen Aufgaben ihre persönlichen Stärken entfalten können und somit ihren Wirkungsgrad erhöhen.
- *Falsche Besetzung* meint Manager, die in der gegenwärtigen sowie gleichrangigen Positionen überfordert sind und auch kein oder nur geringes Potenzial haben. Deshalb sollten Einsatzmöglichkeiten mit reduziertem Verantwortungsbereich geprüft werden.

Gerade am Beispiel der Talente wird klar, dass es sich bei der Potenzial-/Aufgabenerfüllungs-Matrix um eine temporäre Betrachtung handelt: Es ist nur eine Frage der Zeit, bis sich ein Talent zu einem Leistungsträger und im nächsten Schritt vielleicht zu einem Leistungsträger mit Potenzial entwickelt. Und anders herum: Wird ein Star zweimal innerhalb eines kurzen Zeitraums befördert, ist er meist »nur noch« ein Leistungsträger. Er sollte deshalb in dieser Aufgabe dann zumindest ein bis zwei Jahre verbleiben und nicht vorher befördert werden.

Über jede analysierte Führungskraft wird beim Appraisal in der Regel ein dreiseitiger Bericht angefertigt. Die erste Seite erfasst persönliche Daten und Informationen wie Alter, Familienstand, Einkommen, Ausbildung und Sprachen, enthält Angaben zum gegenwärtigen Ver-

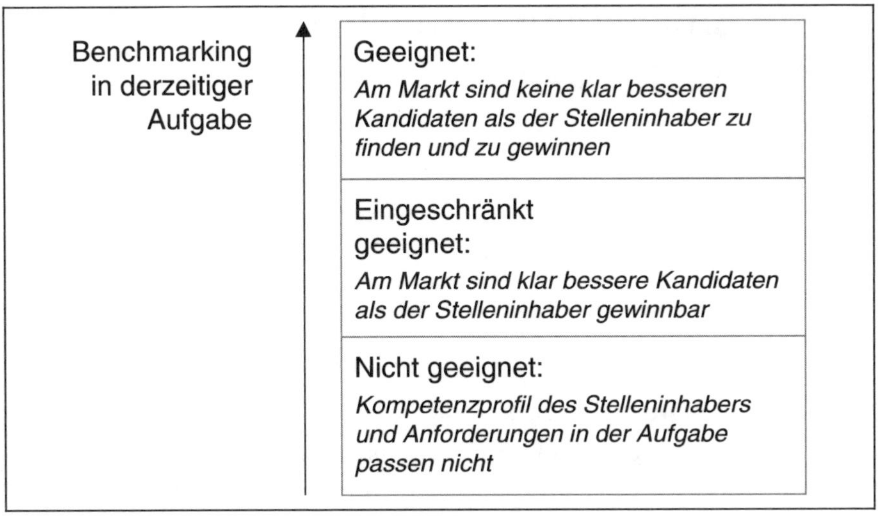

Abbildung 4.4: Benchmarking in derzeitiger Aufgabe

antwortungsbereich einschließlich der Anzahl der Mitarbeiter und der Höhe des Budgets sowie die einzelnen Stationen des Werdegangs in chronologischer Form. Die zweite Berichtsseite konzentriert sich auf die Soll- und Ist-Bewertungen der untersuchten Kompetenzen, beschreibt grundsätzliche Stärken und Defizite sowie Verbesserungsmöglichkeiten.

Die dritte Berichtsseite enthält die Leistungs- und Potenzialabschätzung im Portfolio sowie eine differenzierte Zusammenfassung inklusive einer Empfehlung zur jeweiligen Führungskraft. Zusätzlich wird ein Marktvergleich vorgenommen: Es wird beurteilt, ob die Führungskraft bei einer hypothetischen externen Suche ohne Vorbehalte, mit Einschränkungen oder überhaupt nicht für die jeweilige Position vorgestellt worden wäre.

5. Ein Spiegelbild deutscher Führungskräfte

Wir haben bereits kurz beschrieben, wie mit den aggregierten Kompetenzprofilen vieler einzelner Führungskräfte die Situation hinsichtlich Aufgabenerfüllung und Potenzial im gesamten Unternehmen, in einzelnen Bereichen oder definierten Sektoren des Unternehmens abgebildet werden kann. Daraus lassen sich strukturelle Förderungs- und Entwicklungsprogramme ableiten oder Strategien ebenso wie neue Organisationsstrukturen auf ihre Machbarkeit mit den vorhandenen Ressourcen überprüfen. Die Frage, ob eine gewünschte oder bereits formulierte Strategie von den vorhandenen Führungskräften ausreichend unterstützt werden kann (strategic alignment), hat mit zunehmender Veränderungsdynamik und Wettbewerbsintensität in den vergangenen Jahren massiv an Bedeutung gewonnen.

> **K**ompetente Mitarbeiter und Führungskräfte sind gerade im Dienstleistungsgeschäft ein sehr wichtiger Erfolgsfaktor. Deshalb sind bei Siemens Business Services Instrumente wie Assessment Center, 360-Grad-Feedback sowie Mitarbeiter- und Führungsgespräche seit Jahren fester Bestandteil unserer Personalentwicklung. Management Appraisals nutzen wir zusätzlich für unser Topmanagement, um ergänzend zur internen Sicht objektive Aussagen zur aktuellen Leistung und zu den Potenzialen zu erhalten.
>
> Paul Stodden, Vorsitzender des Bereichsvorstands,
> Siemens Business Services

5.1 Stärken und Schwächen deutscher Führungskräfte

Was für einzelne Unternehmen möglich ist, lässt sich durch entsprechende Verdichtung für ganze Branchen und auch für eine ganze Volkswirtschaft darstellen. Die aggregierten Ergebnisse von mehr als 3 000 Einzelappraisals mit Führungskräften aus unterschiedlichen Industrien zeichnen ein recht aufschlussreiches Bild von den Stärken und Schwächen deutscher Führungskräfte auf der Basis unseres Grundmodells. Zuerst sticht die sehr hohe Fachkompetenz in Form von ausgeprägtem Expertenwissen im jeweiligen Fachbereich ins Auge. Gemessen an den spezifischen Anforderungen in ihren Aufgaben übertrifft der Durchschnittswert für die Fachkompetenz der evaluierten Führungskräfte deutlich den Sollwert, der angibt, dass die Aufgaben den Anforderungen gemäß erfüllt werden. Deutsche Manager sind außerdem sehr zielorientiert, arbeiten entsprechend systematisch und sind als gute Teamplayer auf konstruktive Zusammenarbeit bedacht.

Erhebliche Schwächen weist das Bild dagegen bei der strategischen Orientierung, der interkulturellen Sensitivität, bei der fachlichen Breite, der Durchsetzungsfähigkeit und der Mitarbeiterführung auf. Vor

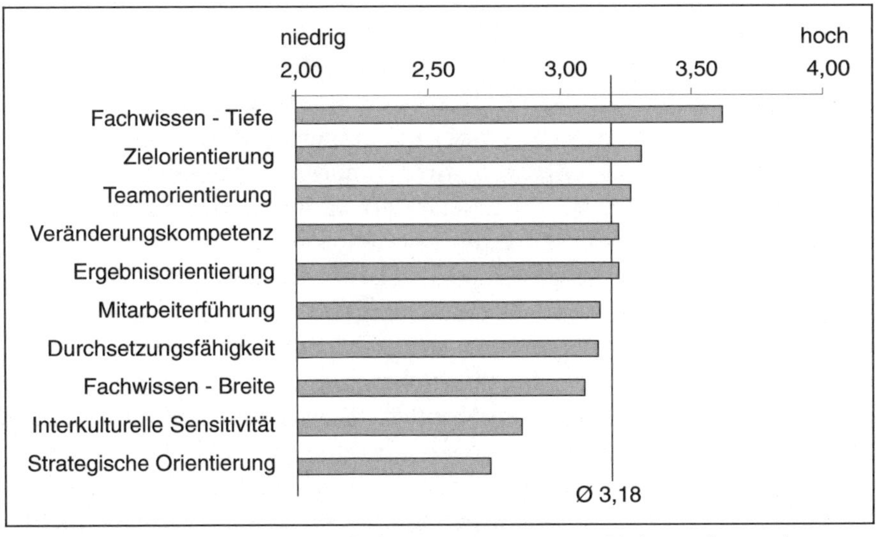

Abbildung 5.1: Durchschnittliches Kompetenzprofil deutscher Führungskräfte (3408 befragte Führungskräfte)

allem aus der großen Diskrepanz zwischen dem Spezialwissen einerseits und der strategischen Orientierung andererseits lässt sich das Profil eines ausgewiesenen Fachmannes erkennen, der selten über den Rand seines Spezialgebietes hinausblickt und wenig Sinn für unternehmerische Belange hat.

Auch der niedrige Wert bei der Durchsetzungsfähigkeit lässt sich möglicherweise aus der Kombination von hohem Spezialwissen und niedriger strategischer Orientierung erklären. Offensichtlich konzentrieren sich zahlreiche Führungskräfte tendenziell auf Prozesse und Inhalte, anstatt die übergeordneten Zusammenhänge im Auge zu behalten und die Konsequenzen ihres Tuns zu beachten. Sie fokussieren sich zu sehr auf ihr im engeren Sinne definiertes Aufgabenspektrum und liefern zu selten fachübergreifende Beiträge. Sie sind insgesamt zu zaghaft, wenn sie ihr Fachgebiet verlassen müssen. Tatsächlich fehlt deutschen Führungskräften manchmal ein gewisser positiver Optimismus, ein Schuss unbekümmertes Draufgängertum und die Zuversicht, die oft schon ein wichtiger Schritt zum Erfolg ist.

Interessant ist der niedrige Wert für die Mitarbeiterorientierung bei der gleichzeitig ausgewiesenen Team- und Zielorientierung deutscher Manager. Wie ist das zu erklären? Zwar verfügen heutzutage die meisten Führungskräfte über ein ausreichendes technisches Wissen zur Mitarbeiterführung. Sie verstehen die Führungsaufgabe jedoch nur bedingt als Verpflichtung, selbst Führungskräfte zu entwickeln, indem sie Mitarbeitern interessante Entfaltungsmöglichkeiten bieten. Leitende sind zwar auf konstruktive und systematische Interaktion bedacht. Sie delegieren zwar Aufgaben, aber nur ungern und unvollständig die Verantwortung. Auch entgegen ihrer vehementen Beteuerungen mischen sich viele deutsche Vorgesetzte zu häufig in das operative Geschäft ein, weil sie nicht loslassen können oder wollen.

Im internationalen Vergleich leicht überdurchschnittliche Werte bei Ergebnisorientierung und Veränderungsbereitschaft belegen, dass deutsche Führungskräfte sich an neue Erfordernisse anzupassen gewillt und in der Lage sind. Sie übernehmen die Verantwortung für das eigene Tun im übergeordneten Kontext. Beides sind an sich wichtige Eigenschaften, die aber aufgrund der niedrigen strategischen Orientierung an Wert verlieren, weil die entsprechende Richtung im ganzheitlichen Kontext fehlt. Sie bestätigen einmal mehr den Eindruck fachlicher Solidität und pflichtbewusster Zuverlässigkeit.

Warum gerade die strategische Orientierung, die interkulturelle

Sensitivität und die fachliche Breite in deutschen Führungsetagen so gering ausgeprägt sind, hat möglicherweise auch markante strukturelle Ursachen:

- Über den Aufstieg entscheidet in vielen deutschen Unternehmen auch heute noch nicht generalistische Weitsicht, sondern fachliche Brillanz – aus Fachleuten werden Führungskräfte gemacht.
- Führungskräfte werden immer noch primär danach beurteilt, wie sie ihre Aufgaben formal erfüllen, selten am Wertbeitrag für das Unternehmen im übergeordneten Sinn – Zielerreichung, nicht geschaffener Mehrwert wird honoriert.
- Es fehlen häufig Incentives oder gar Unterstützung für Jobrotationen. Vielmehr wird durch »Standortdenken« der Vorgesetzten, die gute Mitarbeiter unbedingt im eigenen Einflussbereich halten wollen, die viel kritisierte Immobilität geradezu gefördert.
- Das Fordern und Fördern von Führungskräften erfolgt häufig ausschließlich unter kurzfristigen Gesichtspunkten. Allein der Wirkungsgrad in der nächsten Aufgabe wird maximiert. Eine langfristige Entwicklung oder eine übergreifende Optimierung der Situation bleiben außer Betracht.

Natürlich ist seit langem bekannt, dass exzellente Fachkräfte durchaus nur mittelmäßige Führungskräfte sein können. Nur wenige Unternehmen erkennen und gestehen sich aber ein, dass ihre Beförderungspolitik sehr stark davon abhängt, wie gut Mitarbeiter das »Handwerk« beherrschen. Falsch ausgewählte und unzureichend vorbereitete Führungskräfte sind ihren Aufgaben dann nur ungenügend gewachsen und multiplizieren häufig ihrerseits den gleichen Fehler, der bei ihrer Beförderung gemacht wurde: Sie achten primär auf die Fachkompetenz ihrer Mitarbeiter.

Die Beurteilung der meisten Führungskräfte basiert darauf, dass sie in definierten Aufgaben bestimmte Ziele erreichen, nicht aber auf dem Mehrwert, den sie schaffen, und ihren unternehmerischen Beiträgen für das Unternehmen. Das ist nicht eben förderlich für die Entwicklung der strategischen Orientierung der Führungskräfte. Selbst moderne Unternehmen, die sich beispielsweise mit Balanced Score Cards befassen, tun sich schwer damit, Mehrwert und unternehmerische Beiträge in praktikable quantifizierbare Größen zu fassen. Als Resultat optimieren die Führungskräfte ihren Verantwortungsbereich aus einem isolierten Blickwinkel. Damit bewegen sie sich im Rahmen definierter strategischer Leitplanken, anstatt diese in Frage zu stellen und die Voraussetzungen für erfolgreiches Handeln neu zu definieren. Dieses »Upward Management« ist in vielen deutschen Unternehmen unbeliebt. Es setzt einen konstruktiv-kritischen Ungehorsam voraus, den Vorgesetzte als Mangel an Corporate Raison missverstehen und deshalb nicht selten systematisch unterbinden.

Fehlender Mut und mangelnde Kreativität führen dazu, dass in Besetzungsfragen in der Praxis häufig die im wahrsten Sinne des Wortes naheliegendste Lösung gewählt wird – auch wenn der Kandidat nur ein Kompromiss ist. »Kirchturmdenken« und das Senioritätsprinzip bestimmen in vielen Unternehmen auch heute noch die Beförderungspolitik. Führungskräfte entwickeln sich nur in ihrem engeren Umfeld und lernen nie den Blick über den Tellerrand hinaus. Eine niedrige interkulturelle Kompetenz ist nicht verwunderlich, wenn kein Incentive für Führungskräfte geschaffen wird, sich auch auf unbekanntem Terrain und in fremden Kulturen zu beweisen. Tatsächlich zeichnen sich die Führungskräfte des Exportweltmeisters Deutschland durch eine gewisse lokale Fixierung und manchmal schon fast provinzielle Einstellung im Vergleich zu ihren europäischen Nachbarn aus.

Anforderungen "Leader vs. Manager"[1]		Kompetenzausprägung		
Leader	Set direction	Strategische Orientierung Fachwissen - Breite	- -	-
	Align people	Mitarbeiterführung	-	
	Motivate and inspire	Teamorientierung	+	
Manager	Plan and budget	Zielorientierung Fachwissen - Tiefe	+ +	+
	Organize and staff	Durchsetzungsfähigkeit	-	
	Controll and solve problem	Ergebnisorientierung Veränderungskompetenz	+	

1) Nach John Kotter, What Leaders Really Do, Harvard Business Press 1990

Abbildung 5.2: Die Kompetenzen deutscher Führungskräfte entsprechen eher dem Profil von Managern als Leadern

Fordern und Fördern erfolgt in vielen Unternehmen auch heute noch unter dem Gesichtspunkt der Maximierung des Wirkungsgrades in der nächsten Aufgabe. Versetzungen auf einer Ebene, um den Erfahrungshorizont zu erweitern, werden von vielen Unternehmen proklamiert, jedoch nicht konsequent umgesetzt und nachhaltig gefördert. Zwar sinkt der Anteil so genannter Kaminkarrieren tendenziell, aber noch zu selten wird eine Jobrotation, die fachlich breite und verschiedene funktionale Erfahrungen ermöglicht, systematisch betrieben.

Wenn wir auf das Stärken- und Schwächenprofil deutscher Führungskräfte eine Kategorisierung anwenden, wie sie in der amerikanischen Managementliteratur in den 70er und 80er Jahren vielfach beschrieben wurde, dann entsprechen die Kompetenzen deutscher Führungskräfte eher dem Profil von Managern als Leadern, so wie der US-Führungsexperte John Kotter die Anforderungen vor rund 15 Jahren definiert hat.

Leader zeichnen sich aus durch die Fähigkeit:

- die Richtung vorzugeben; das korrespondiert im Wesentlichen mit der strategischen Orientierung und einer breiten fachübergreifenden Basis, um den Kontext zu verstehen. In beiden Kriterien haben die deutschen Führungskräfte insgesamt einen deutlichen Nachholbedarf.
- Führungskräfte auf ein gemeinsames Ziel auszurichten; diese Kompetenz entspricht insbesondere der Mitarbeiterführung, da es hier darum geht, Identifikation zu erzeugen und Verantwortung zu übertragen.
- die Mannschaft zu motivieren, was in großen Teilen der Teamorientierung, die durch Wertschätzung und faire Interaktion gekennzeichnet ist, entspricht.

Nur in puncto Teamorientierung können deutsche Führungskräfte überzeugen. Bei den übrigen Fähigkeiten, die eine strategisch denkende Führungspersönlichkeit ausmachen, sind ihre Kompetenzen zu schwach ausgeprägt. Manager zeichnen sich hingegen aus durch die Fähigkeit:

- zum Planen und Budgetieren. Das entspricht sehr stark der Kompetenz Zielorientierung und der dafür erforderlichen tiefen Fachkenntnisse. In beiden Kompetenzen übererfüllen die deutschen Führungskräfte die jeweiligen Sollwerte deutlich.

- zu organisieren und Mitarbeiter einzusetzen. Im Kern geht es hier um Durchsetzungsstärke, in der die deutschen Führungskräfte ein kleines Verbesserungspotenzial aufweisen.
- zum Kontrollieren und Problem lösen. Das entspricht im Kern der Ergebnisorientierung und Veränderungskompetenz. In beiden Kompetenzen schneiden deutsche Führungskräfte leicht überdurchschnittlich ab.

Insgesamt schneiden deutsche Führungskräfte deutlich besser bei den Kompetenzen ab, die Manager auszeichnen als bei denen, die Leader ausmachen. Sie sind offenbar gute Manager, aber weniger begabte Anführer.

5.2 Potenzial und Aufgabenerfüllung

So, wie die Kompetenzausprägungen von Führungskräften aggregiert werden können, lassen sich auch die Anteile der Potenzialträger und der Führungskräfte mit einem hohen Grad der Aufgabenerfüllung konsolidieren. Das bietet einen Anhaltspunkt für das Benchmarking mit einem Industriedurchschnitt oder einer Best Practice. Besonders hilfreich ist dies, wenn alle Führungskräfte von einzelnen Untersuchungseinheiten untereinander oder gegenüber einem Zielwert gebenchmarkt werden sollen.

Abbildung 5.3 zeigt auf der linken Seite die Einordnung von mehreren tausend Führungskräften in der so genannten Potenzial- und Aufgabenerfüllungs-Matrix. Es ist nicht überraschend, dass der größte Teil der Führungskräfte, rund 55 Prozent, zu den Leistungsträgern gehört. Sie erfüllen ihre heutigen Aufgaben gut, haben jedoch nicht das Zeug, innerhalb kurzer Zeit eine erheblich komplexere Aufgabe zu übernehmen. Dies ist jedoch der Fall bei den Leistungsträgern mit Potenzial (19 Prozent), die kurzfristig einen Komplexitätssprung bewältigen könnten. Die kleinste Gruppe machen mit rund 2 Prozent die Stars aus, jene Führungskräfte, die ihre derzeitigen Aufgaben bravourös erfüllen und in ihrer Karriere gleich zwei Stufen auf einmal nehmen könnten.

Als »Best Practice« zeigt Abbildung 5.3 die reale Situation in einem Unternehmen, dessen Führungskräfte sowohl hinsichtlich des Potenzials als auch hinsichtlich der Aufgabenerfüllung zu den Top Five aller

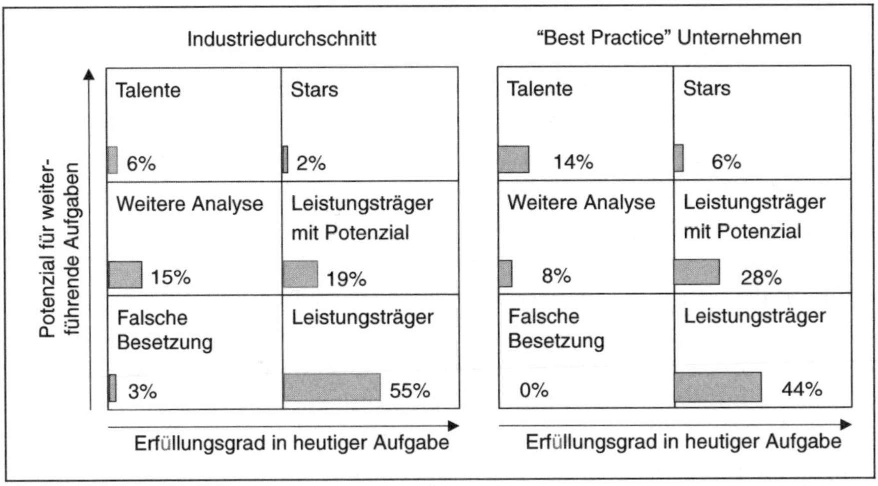

Abbildung 5.3: Kompetenzprofil im Schnitt und bei Best-Practice-Unternehmen

evaluierten Unternehmen gehören. Auch wenn der Anteil von Potenzialträgern und Stars hier deutlich höher ist als im Industriedurchschnitt, bilden die soliden Leistungsträger nach wie vor die größte Gruppe. Nach unserer Erfahrung ist diese breite Basis unbedingt wichtig, weil sie die kontinuierliche Leistungsfähigkeit des Unternehmens garantiert. Der hohe Anteil von Talenten und der niedrige Prozentsatz von Managern, die ihre Aufgaben nicht ausreichend erfüllen und gleichzeitig wenig Potenzial aufweisen, sprechen für Solidität und Zukunftsorientierung des Unternehmens.

Es spricht für das Augenmaß deutscher Unternehmen, wenn Fehlbesetzungen mit 3 Prozent vergleichsweise selten auftreten. Insbesondere in dynamischen Unternehmen ist das Feld Falsche Besetzung häufig gar nicht belegt, weil bei gegebener Transparenz und Dynamik, gepaart mit einem konsequenten Führungsstil, die fehlende Passung zwischen Führungskraft und Aufgabe sehr schnell korrigiert wird. Wenn zum Zeitpunkt unserer Betrachtung die Felder Weitere Analyse mit durchschnittlich 15 Prozent aller Führungskräfte und Talente mit durchschnittlich 6 Prozent besetzt waren, so bedeutet das keine dauernde Festschreibung. Beide Felder geben Aufschluss über eine gewisse Dynamik in der Führungskräfteentwicklung von Unternehmen. Die Matrix ist eine Bestandsaufnahme zu einem gegebenen Zeitpunkt. Führungskräfte, die gerade erst in eine neue Position befördert worden sind, können temporär durchaus ihre neuen Aufgaben noch nicht voll erfüllen. Es kann ein bewusstes Ziel der Personalentwicklung sein, Manager herauszufordern, sie in und mit ihren Aufgaben wachsen zu lassen. Es kommt daher im Zeitverlauf häufig vor, dass Führungskräfte zunächst als Talent betrachtet werden, um sich dann als Leistungsträger in ihrer Aufgabe zu stabilisieren und schließlich als Leistungsträger mit Potenzial für weiterführende Aufgaben zu empfehlen.

Erfahrungsgemäß haben viele Manager, die bei »Weitere Analyse« oder »Falsche Besetzung« eingeordnet werden, nicht immer in diese Kategorien gehört. Oft waren sie über einen langen Zeitraum solide Leistungsträger. Während sich aber die Aufgaben zum Teil dramatisch verändert haben – und mit ihnen die Kompetenzanforderungen – haben sich diese Führungskräfte nicht weiterentwickelt. Da Appraisals eher in Zeiten größerer Veränderungen als in solchen stetiger Entwicklung vorgenommen werden, ist es nicht erstaunlich, dass bei einer Momentaufnahme in großen Unternehmen in der Regel auf den ersten drei Führungsebenen immer einige Manager diesen Kategorien zuzuordnen sind. Auch das bedeutet keinen Dauerzustand.

In der Evaluierung von Führungskräften sagt schließlich das Benchmarking aus, wie eine Führungskraft, verglichen mit möglichen externen Kandidaten, gesehen wird. Im Industriedurchschnitt sind 60 Prozent aller evaluierten Führungskräfte in Deutschland für die in Frage

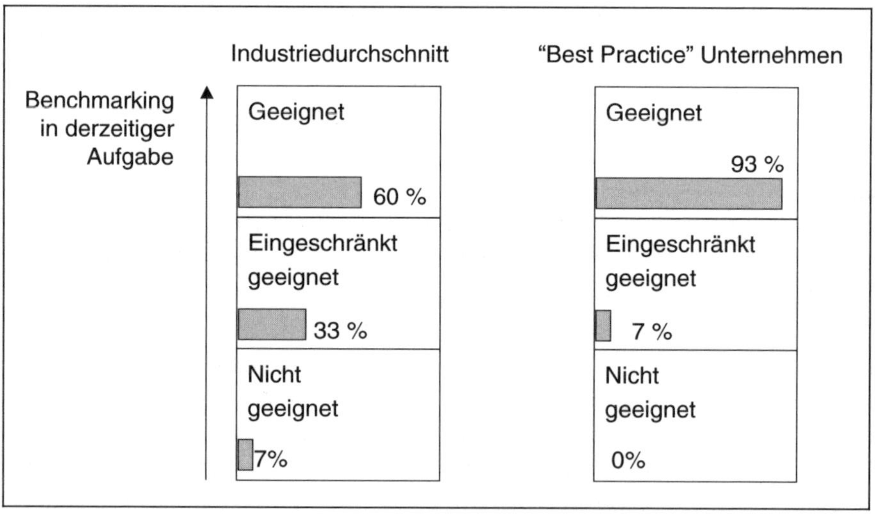

Abbildung 5.4: Profil bezüglich Benchmarking – Industriedurchschnitt

kommende Position geeignet und halten einem Vergleich mit möglichen externen Kandidaten stand. Bei Best-Practice-Unternehmen sind es sogar 93 Prozent. Ein Drittel der evaluierten Führungskräfte würde nur mit Einschränkungen für ihre Aufgabe berücksichtigt werden, da deutlich qualifiziertere Kandidaten verfügbar wären. Rund 7 Prozent der Führungskräfte hätten in einem externen Vergleich keine Chancen. Auch wenn das Benchmarking in gewissem Maße subjektiv ist, weil wir dabei unsere Auswahlpraxis bei Executive-Search-Aufträgen zugrunde legen, spiegelt es als einzige Größe den Vergleich zu einem externen Standard wider, den Führungskräfte eines Unternehmens in dieser Form nie erhalten und erläutert bekommen. Diese Standortbestimmung für die Führungskräfte wird im Feedback manchmal als grob vereinfachend kritisiert, in den meisten Fällen jedoch akzeptiert, wenn sie differenziert und konstruktiv erläutert wird.

5.3 Ausprägung der Managementkompetenzen in Deutschland, USA und Asien

Da wir bei Egon Zehnder International weltweit Erfahrungen mit Management Appraisals gesammelt haben, können wir untersuchen, ob es regionale, vielleicht kulturell erklärbare Unterschiede bei der Ausprägung von Managementkompetenzen in Deutschland, USA und Asien gibt. Auch wenn wir auf einen großen Pool an Erfahrungen und Daten aus mehr als 10 000 Appraisals weltweit zurückgreifen können, wollen wir aber keinen Anspruch auf wissenschaftliche Exaktheit oder Vollständigkeit erheben. Es scheint tatsächlich einige regionale Unterschiede in der Ausprägung von Kompetenzen zu geben, die unabhängig von den Funktionen, Branchen oder jeweiligen Unternehmenskulturen gelten.

Die Analyse unserer Datenbank ergibt globale Gemeinsamkeiten, die wir hier kurz darstellen wollen. Es gibt eine Vielzahl von Kompetenzen, die Führungskräfte erfolgreicher Unternehmen über alle Regionen hinweg kennzeichnen. So ist bei ihnen durchweg die konsequente Weiterqualifizierung »on the job« bei dem Merkmal Fachliches Know-how stark ausgeprägt. Auch scheuen Führungskräfte in erfolgreichen Unternehmen nicht den externen Vergleich mit relevanten Wettbewerbern und tauschen sich regelmäßig mit diesen aus. Beim Merkmal Mitarbeiterentwicklung herrscht in erfolgreichen Unternehmen eine stark ausgeprägte Feedback-Kultur sowie überwiegend eine offene und furchtlose, über die jeweilige Hierarchieebene hinausgehende Kommunikation. Im Bereich der Unternehmerkompetenz fällt auf, dass erfolgreiche Unternehmen in der Regel über klar definierte Entscheidungsstrukturen und -prozesse verfügen, tendenziell Entscheidungen letztlich aber von einer Person und nicht im Kollektiv getroffen werden. Ein weiteres Merkmal erfolgreicher Unternehmen ist, dass der Anteil an ergebnisorientierten Managern und solchen mit einer ausgeprägten Veränderungskompetenz deutlich überwiegt.

Auffällig über alle Regionen hinweg ist weiterhin, dass das Thema Führungskräfteentwicklung in vielen Unternehmen stiefmütterlich behandelt wird. Nur wenige Unternehmen verfügen hier über konsequent eingesetzte, ganzheitliche Konzepte. In den meisten Fällen werden Manager eher ad hoc und personenbezogen gefördert.

Die Unterschiede in den Kompetenzausprägungen lassen sich häufig eher durch die verschiedenen Firmenkulturen erklären als durch die Region. Dennoch ergibt die Auswertung internationaler Management Appraisals einige regionale Unterschiede in den Kompetenzausprägungen, die – mit der gebührenden Vorsicht – durchaus verallgemeinerungsfähig sind:

So fällt beispielsweise auf, dass die deutsche Führungskraft in der Regel über tiefes fachliches Know-how verfügt, es aber im Vergleich zu US-Managern häufig an der Fähigkeit mangelt, dieses Wissen schnell und gezielt anzuwenden. Asiaten und US-Amerikaner verstehen sich als permanent Lernende. Dies ist sicher einer der Gründe, weshalb die zahlreichen MBA-Programme für gestandene Praktiker insbesondere in diesen Regionen so beliebt sind. Im Gegensatz hierzu scheinen die Deutschen eher von der einmal erworbenen Berufsausbildung zu zehren.

Generell lässt sich festhalten, dass in deutschen und asiatischen Unternehmen die Kommunikationsfähigkeit geringer ausgeprägt ist als in US-amerikanischen. In Deutschland und Asien ist der persönliche Umgang stärker formalisiert und geprägt von Hierarchiedenken. Es gilt der alte Grundsatz »Wissen ist Macht«. Informationen weiterzureichen bedeutet tendenziell, sich dieser Macht freiwillig und ohne Not zu berauben. Da letztlich aber der offene Informationsfluss einen kritischen Erfolgsfaktor für Unternehmen darstellt, existieren hier klarere Regeln und Vorgaben in Form von formalisierten Vorstandsvorlagen oder regelmäßigen Abteilungsbesprechungen, die jedoch eher von unten nach oben als umgekehrt zur Informationsweitergabe zwingen.

Auch beim Führungsstil sind einige Unterschiede festzustellen. So ist sowohl in Asien als auch in Deutschland auffällig, dass Führungskräfte nicht sehr gut darin sind, eigene Erfolge zu präsentieren. Schon in der häufigen Verwendung des Wortes »wir« zeigt sich diese Entpersonifizierung. Hier sind die Angelsachsen wesentlich weniger zurückhaltend. Erfolgreiche Führungskräfte haben in der Regel keine Scheu, sich und ihre Leistungen exzellent darzustellen – und übertreiben es dabei manchmal. Dieses furchtlose und unverblümte Auftreten der meisten US-Führungskräfte schlägt sich auch in ihrer, bei unseren Management Appraisals regelmäßig wahrgenommenen, höheren Durchsetzungsfähigkeit nieder.

Im Rahmen der Mitarbeiterentwicklung fällt auf, dass diese in den USA eher situativ und »on the job«, aber weniger systematisch erfolgt, während in Deutschland tendenziell ein strukturierter, von der jeweiligen Aufgabe losgelösterer Ansatz verfolgt wird. In Asien geschieht die vom Vorgesetzten initiierte Mitarbeiterentwicklung ebenfalls weniger strukturiert und gezielt. Dies liegt möglicherweise daran, dass Schwächen der einzelnen Führungskraft hier nur ungern direkt angesprochen werden. Die für eine effektive Mitarbeiterentwicklung erforderliche Feedback-Kultur steckt noch in den Anfängen.

In puncto Teamorientierung ist festzustellen, dass deutsche Führungskräfte weniger auf derselben Fachebene zusammen arbeiten, aber sehr gut in interdisziplinären Gruppen kooperieren. In den USA sind Konsens und demokratische Abstimmungsprozesse mit Kollegen und Mitarbeitern von großer Bedeutung. Auch scheinbar weniger wichtige Themen und Entscheidungen werden mit vielen Personen durchdiskutiert, um zu einem gemeinsamen und von allen getragenen Ergebnis zu kommen. Dies geschieht sowohl auf derselben als auch auf unterschiedlichen Hierarchieebenen. Bei den Asiaten zeigt sich gerade bei der Teambildung eine starke hierarchische Orientierung. Auf derselben Hierarchieebene werden sämtliche Willensbildungsprozesse durch intensive Teamarbeit bewirkt, wobei das Konsensprinzip wohl auch wegen des stärkeren Harmoniebedürfnisses deutlich vorherrscht. Ergebnisse werden in Asien überwiegend als Teamergebnisse präsentiert und von den dahinter stehenden Persönlichkeiten getrennt dargestellt.

Gegenüber den USA ist in Deutschland die Veränderungskompetenz in persönlicher und unternehmerischer Hinsicht grundsätzlich weniger stark ausgeprägt. Dieser Umstand geht auch mit der regelmäßig höheren Verweildauer der Führungskräfte in demselben Unternehmen einher; gleiches gilt für Asien. Die Bereitschaft, persönliches Risiko zu übernehmen, ist in den USA höher, während insbesondere in Deutschland Sicherheitsstreben sowie Status- und Standesdenken zu beobachten sind.

Während sich in der Ergebnisorientierung kaum regionale Unterschiede ergeben, ist insbesondere in Asien eine deutlich geringer ausgeprägte strategische Orientierung festzustellen. Asiatische Führungskräfte haben das Ziel, die jeweilige Aufgabe perfekt zu erfüllen. Die Rahmenbedingungen wollen sie nicht verändern. Hier tun sich die US-Amerikaner hervor, die fast schon aus Prinzip Vorhandenes in Frage stellen und Beiträge zu übergeordneten Themen leisten wollen.

Die vielgerühmte Serviceorientierung in den USA lässt sich zwar bestätigen. Auffällig ist aber, dass individuelle Kundenwünsche dort nicht im gleichen Maße berücksichtigt werden wie von deutschen Führungskräften. Die Tendenz, standardisierte Lösungen anzubieten, ist in den USA stärker ausgeprägt, während deutsche Manager sich mehr am einzelnen Kunden orientieren. Weil sich die Deutschen dabei mehr auf Sachfragen konzentrieren als auf die Persönlichkeit des Kunden einzugehen, wirken sie vordergründig weniger dienstleistungsorientiert. Diese Wahrnehmung könnte der Grund dafür sein, dass die USA hier häufig besser abschneiden. Eindeutig verfügen aber US-Führungskräfte sowohl gegenüber Deutschland als auch gegenüber Asien über mehr Marktexpertise und setzen bei strategischen Entscheidungen stärker auf Marktstudien.

Wenn wir abschließend amerikanische mit deutschen Führungskräften hinsichtlich ihrer Fähigkeiten als Leader oder Manager betrachten, so können wir feststellen, dass amerikanische Führungskräfte stärker strategisch und unternehmerisch denken. Die fachliche Tiefe ist dagegen bei ihnen wenig ausgeprägt. Somit fehlt ihnen gelegentlich das fachliche Fundament für ihre Strategien, so dass diese nicht immer erfolgreich sind. Die Kombination aus einem qualitätsorientierten »Made in Germany« und einer unbekümmerten experimentierfreudigen »Can-do-Attitude« nach US-Muster wäre eine ideale Kombination, die Führungskräfte auf sich vereinen sollten.

5.4 Einblick in die Industrien

Engineering und Automotive Industry

»Made and Engineered in Germany« haben noch immer zu Recht einen guten Klang. Die Mehrzahl der Führungskräfte in diesen Industrieunternehmen ist dementsprechend auch unter Benchmarking-Gesichtspunkten ohne Einschränkung für ihre Position geeignet. Traditionell sind diese Branchen bis heute durch stringente Führungsprinzipien und Strukturen geprägt, die zu einem klaren Führungsverständnis führen und die Führungskräfte in die Lage versetzen, Ziele zu formulieren und durchzusetzen. Aufgrund ihrer relativ langen Verweilzeit in einzelnen Firmen und Positionen verfügen die Manager in der Engineering und Automotive Industrie über große fachliche Tiefe. Insbesondere in technischen Funktionen wird das gute Renommee der deutschen Ingenieursausbildung in der Praxis bestätigt.

Die solide Substanz innerhalb des Managements wird durch einen guten Anteil von Potenzialträgern untermauert – knapp 30 Prozent der Führungskräfte könnten weiterführende oder komplexere Funktionen innerhalb der nächsten zwölf bis 18 Monate übernehmen. Dies

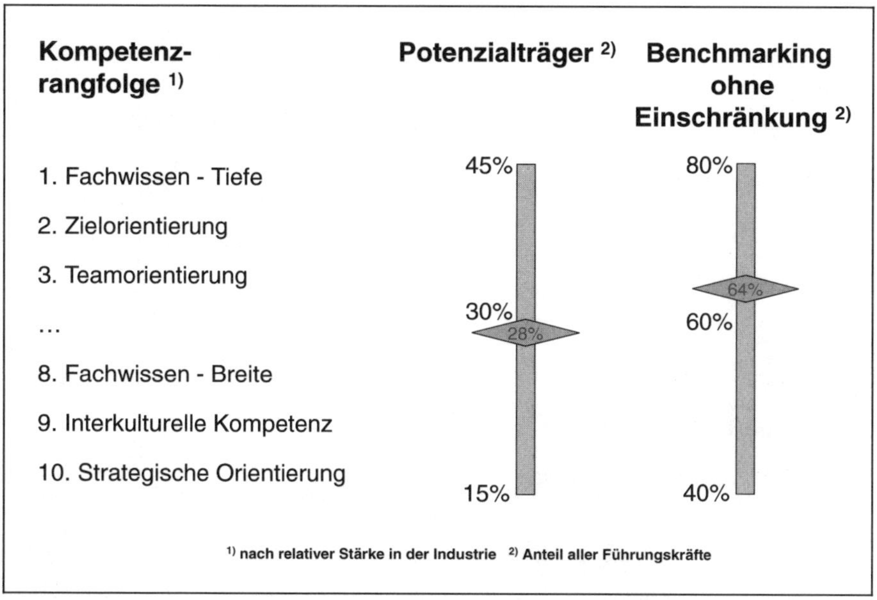

Abbildung 5.5: Engineering Industry – Branchenprofil

wird durch die überdurchschnittliche Ausprägung bei Durchsetzungsfähigkeit und Veränderungskompetenz bestätigt, aber auch verursacht. Insbesondere in der Automobilindustrie, sowohl bei den Herstellern als auch bei den Zulieferern, ist die Veränderungskompetenz der Führungskräfte verglichen mit anderen Managementkompetenzen stark ausgeprägt; vermutlich eine Folge der Aufholjagd der europäischen Automobilunternehmen seit Anfang der 90er Jahre gegenüber den asiatischen Firmen.

Die Automobilindustrie hat sich innerhalb weniger Jahre grundlegend verändert: Die Produktionsstrukturen wurden globalisiert, Entwicklung und Teile der Produktion wurden zu Lieferanten verlagert. Beim Simultaneous Engineering arbeiteten interdisziplinäre Mitarbeiterteams zusammen. Führungskräfte mussten lernen, Komplexität zu managen. Neue Systeme zur Kostenoptimierung wie Design-to-Cost oder Target Costing setzten sich durch. Dies hat dazu geführt, dass die Führungskräfte dieser Branche heute eine wesentliche Voraussetzung zur Zukunftsbewältigung erfüllen, nämlich anstehende Veränderungen konstruktiv zu identifizieren und proaktiv umzusetzen. Die Unternehmen sind mittlerweile in der Lage, rasch auf Marktanforderungen zu reagieren.

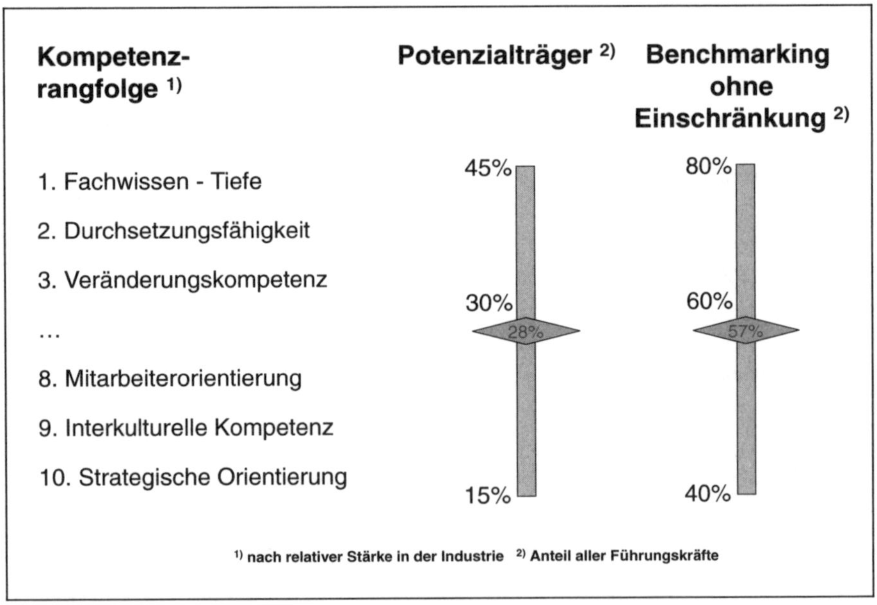

Abbildung 5.6: Automotive Industry – Branchenprofil

Andererseits ist die Mehrzahl der Führungskräfte in den häufig anzutreffenden funktionalen und arbeitsteiligen Organisationsstrukturen durch »Kaminkarrieren« geprägt. Es fehlen die generalistische Breite sowie entsprechende Managementfähigkeiten, die sich meist erst durch vielfältige Aufgaben entwickeln, und somit die strategische Orientierung. Dies ist die am schwächsten ausgeprägte kritische Managementkompetenz. Dabei spielt es gerade vor dem Hintergrund zunehmend komplexer Strukturen eine existenzielle Rolle, sich etwa mit Kundenanforderungen strategisch auseinanderzusetzen und intelligente Kooperationen und Allianzen mit Partnern frühzeitig zu schmieden.

Globalisierung und internationale Orientierung werden auch in Zukunft eine herausragende Rolle spielen. Der steigende Anteil im Ausland erzielter Umsätze erfordert nicht nur eine Vertriebsorganisation mit globaler Präsenz, sondern auch Produktionskapazitäten im Ausland, um Kostenvorteile zu nutzen, Local Content-Bestimmungen Rechnung zu tragen oder die Identifikation mit der Marke durch Vor-Ort-Produktion zu stärken.

Schon heute werden ganze Innenraumsysteme, bestehend aus Cockpit, Dachhimmel, Sitzen und Seitenverkleidungen, fertig an die Automobilbauer geliefert. Diese Tendenz, Komponenten zusammenzufassen und immer mehr Leistungen auf Lieferanten zu verlagern, wird zunehmen. Sie führt dazu, dass vormontierte Systeme komplett entwickelt und geliefert werden. Dabei gewinnt die Elektronik immer mehr an Bedeutung, während in der Vergangenheit eindeutig der Maschinenbau im Vordergrund stand. Durch diese Vernetzung von Technologien und die Zunahme der Komplexität werden moderierende Fähigkeiten oder das Vermögen, gemeinsame Lösungen auch zwischen unterschiedlichen Fachbereichen zu finden, an Bedeutung gewinnen.

Darüber hinaus werden in Unternehmen Service und Dienstleistungen zunehmend wichtiger. Durch innovative Serviceangebote können sowohl die Kundenbindung als auch Umsatz und Ergebnisse verbessert werden. So wird beispielsweise im Maschinenbau neben der eigentlichen Hardware die anschließende Serviceleistung in Form von schneller technischer Beratung bei Störungen, Instandhaltung und Teileservice immer entscheidender, um sich im Wettbewerb abzugrenzen.

Dies hat zur Folge, dass in der Industrie zukünftig mehr Führungskräfte gesucht werden, die über eine stärkere Internationalität mit mehr Sensibilität für andere Kulturen und Disziplinen verfügen. Zwar werden weiterhin technische Spezialkenntnisse eine wesentliche Basis für die Innovationskraft sein. Zusätzlich werden aber die Integrationsfähigkeit und interdisziplinäre Erfahrungen beim internen und externen Austausch mit Lieferanten und Kunden immer mehr an Bedeutung gewinnen und entscheidend für den zukünftigen Erfolg eines Unternehmens sein. Insbesondere die technisch geprägten Automobil- und Maschinenbauunternehmen erkennen zunehmend als Engpass, dass sie zwar über technisch exzellente Führungskräfte verfügen, diese aber in der Führungs- und Managementkompetenz Nachholbedarf haben.

Anstelle von Kaminkarrieren sollten deshalb Führungskräfte vermehrt durch Jobrotation, Projekte und Auslandsaufenthalte gezielt gefördert und entwickelt werden. Nur so kann es das jeweilige Unternehmen schaffen, sich mit dem vorhandenen Mitarbeiterstamm den neuen Anforderungen und Herausforderungen zu stellen. Vereinzelt besinnen sich Unternehmen bereits darauf, sowohl den Managementnachwuchs als auch das Senior Management interdisziplinär sowie international weiterzuentwickeln und dies als Voraussetzung für weiterführende Positionen festzulegen.

High Tech Industry

Kaum eine andere Branche hat eine derartige Wachstumsdynamik entwickelt wie der Technologie- und Telekommunikationssektor in den 80er und 90er Jahren. Mit umso größerer Wucht wurde die High-Tech-Industrie Anfang des 21. Jahrhunderts von ihrer bislang schwersten Krise getroffen. Spektakuläre Firmenzusammenbrüche, Massenentlassung von Zehntausenden von Mitarbeitern bei einzelnen großen Anbietern und eine sich ausbreitende Skepsis gegenüber den Möglichkeiten neuer Technologien vermittelten Endzeitstimmung. Realistisch betrachtet ist die High-Tech-Branche mit dem Ende der »New Economy« lediglich auf ein Niveau zurückgekehrt, das noch immer vergleichsweise hoch ist und – gemessen an anderen Branchen – durchaus interessante Wachstumsraten aufzeigt.

An die Stelle des Wachstums um jeden Preis trat mit der veränderten Marktlage wieder die Konzentration auf bewährte Tugenden guter Unternehmensführung: Kostenmanagement und Prozessorientierung, neu geregelte Arbeitsteilung, überarbeitete Matrix-Organisationen, die Renaissance von Erfahrung und Fachkompetenz anstelle eines wenig nachhaltigen Hochgeschwindigkeits- und Jugendkults. Mit anderen Worten: Die High-Tech-Industrie wird erwachsen.

Die Unternehmen fokussieren sich heute vermehrt auf den Kundennutzen und wollen Mehrwert schaffen. Das impliziert eine stärkere Orientierung auf Dienstleistungen und Lösungen und bedeutet die Abkehr vom bislang oft reinrassigen Produktvertrieb. Nach der Hardwarebranche erreicht diese Entwicklung jetzt auch verstärkt den Softwarebereich – selbst die bisher unangefochtenen Weltmarktführer bekommen den nachhaltigen Paradigmenwechsel zu spüren, der einhergeht mit erheblichen Veränderungen in der Unternehmensorganisation und der Denkrichtung der Führungsmannschaft.

Andererseits stehen effizientes Ressourcenmanagement und nachhaltige Kostenorientierung ebenso im Vordergrund wie die Betonung von Beratung und Service, die mehr Innovationskraft und Strategiefähigkeit in Marketing- und Vertriebsfunktionen erfordern als bisher. Forschung und Entwicklung sowie Engineering fokussieren sich zunehmend auf effizientes Kosten- und Prozessmanagement.

Weiterhin ist im Telekommunikations- und Technologiesektor die Befähigung gefragt, innerhalb extrem kurzer Zyklen richtige Antworten auf hochkomplexe technologische Fragestellungen und Herausfor-

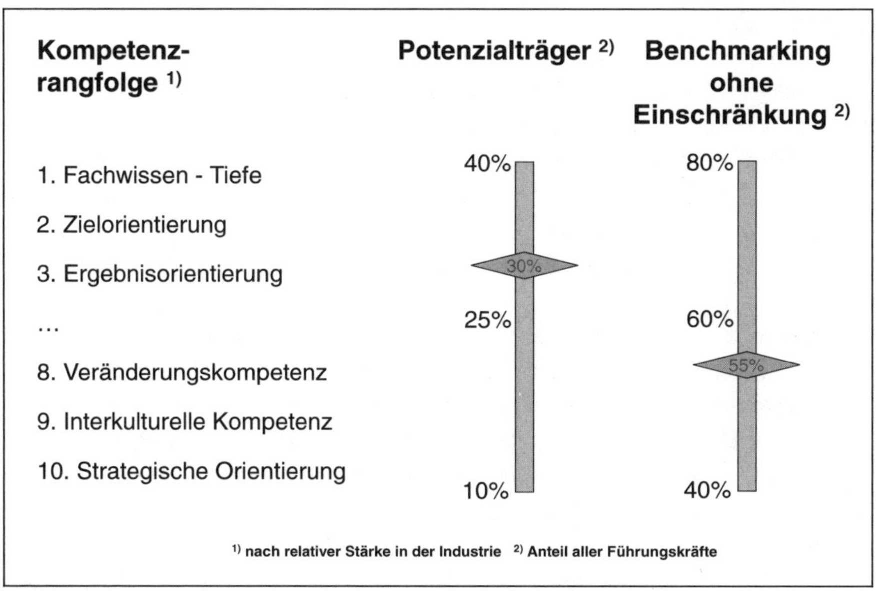

Abbildung 5.7: High Tech Industry – Branchenprofil

derungen zu finden. Entscheidungsbereitschaft und Mut sind dafür ebenso notwendig wie breite fachliche Kompetenz und die Fähigkeit, in interdisziplinären Teams zu den richtigen Handlungsansätzen zu gelangen.

Isoliert in einzelnen Köpfen verankertes Expertenwissen kann ohne intensive Kooperation über Fachbereichsgrenzen hinaus nicht zum Nutzen des Unternehmens erschlossen werden. Die Fähigkeit, in Länder übergreifenden Teams und in oftmals komplexen Matrixorganisationen zusammenzuarbeiten, die Bereitschaft, den Schulterschluss mit angrenzenden Disziplinen zu suchen, wird beim härteren Wettbewerb im Rahmen eines länger anhaltenden Konsolidierungstrends in den Technologiemärkten die Gewinner von den Verlierern unterscheiden.

Breite fachliche Kompetenz, hohe Marktorientierung und die Fähigkeit, Kooperationen und Allianzen aus unterschiedlichen Fach- und Denkrichtungen zu bilden, zählen wie in anderen Branchen auch zu den erfolgversprechenden Handlungsansätzen. In diesen Feldern weisen viele Führungskräfte quer durch die High-Tech-Welt heute noch erkennbare Defizite auf.

Utility Industry

Nach einer fast 100-jährigen Entwicklung ohne grundsätzliche strukturelle Veränderungen geriet die Utility Industrie im vergangenen Jahrzehnt stark in Bewegung. Ausgelöst durch die Deregulierung der Strommärkte kam es zu einer beispiellosen Folge von Fusionen und Übernahmen, an deren vorläufigem Ende in Deutschland vier dominante Player übrig geblieben sind: RWE, E.ON, EnBW und Vattenfall Europe.

Vielleicht noch wichtiger als diese Konzentration ist aber, dass sich mit der Liberalisierung die Anforderungen an das Management der Energieversorger entschieden verändert haben. In der Vergangenheit waren die Unternehmen durch ihre monopolartige Stellung im Markt geprägt. Das führte dazu, dass bei Aufbau und Entwicklung des Managements technische Expertise und hohes Fachwissen im Vordergrund standen.

Die hohe Wertschätzung von Expertenwissen als Aufstiegskriterium wurde durch eine systematische Förderung von so genannten Kaminkarrieren innerhalb eines Bereiches des Unternehmens unterstützt. Generalistische oder auch nur fachübergreifende Fähigkeiten waren nur bedingt notwendig und gefragt. Marktnahe Funktionen wie Vertrieb und Marketing wurden nur in Rudimenten aufgebaut und gefördert. Ebenso waren internationale Ausrichtung und Erfahrung für die stark regional geprägten Unternehmen von geringer Bedeutung, Englischkenntnisse gar irrelevant. Die Analyse des Managements spiegelt diese Erkenntnisse wider: Das Fachwissen ist die deutlich am besten ausgeprägte Kompetenz. Am schwächsten ausgeprägt sind die interkulturelle Sensitivität einschließlich Internationalität und Fremdsprachenkenntnissen, die strategische Orientierung und die generalistische, fachübergreifende Breite. Der hohe Anteil der für ihre derzeitigen Aufgaben uneingeschränkt geeigneten Manager ist nicht überraschend für eine Industrie, die lange Zeit sehr stabil war.

Allerdings verschleiert diese doch recht positive Feststellung des aktuellen Status Quo, dass gerade in der Utility Industrie fast alle alten Werte auf dem Prüfstand stehen. Die durch die Deregulierung ausgelöste internationale Akquisitions- und Fusionstätigkeit, sowie der Wettbewerb haben die Anforderungen an das Management der Energieversorger genau dort erhöht, wo sie ihre Schwachpunkte haben.

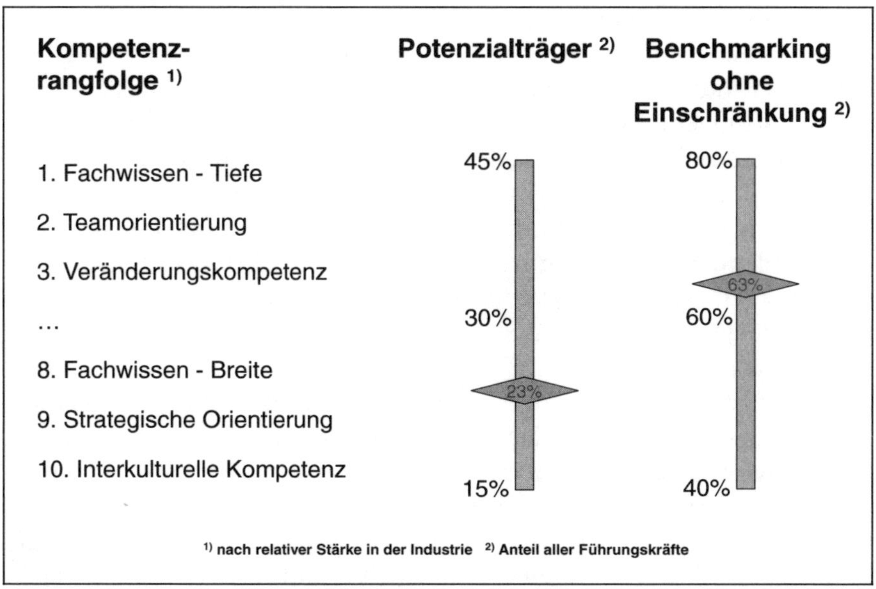

Abbildung 5.8: Utility Industry – Branchenprofil

Einerseits mussten die Unternehmen ihren Fokus von der Technik auf ein deutlich höheres Kunden- und Kostenbewusstsein ausrichten. Gleichzeitig waren durch die Vielzahl der Übernahmen und die sich häufig anschließenden Restrukturierungen Managertypen gefragt, die mit fach- und funktionsübergreifenden Fähigkeiten in der Lage sind, ein Geschäft und ein Unternehmen ganzheitlich zu sehen. Im Vordergrund steht nicht mehr, ein System zuverlässig – und manchmal auch effizient – zu betreiben, sondern es zu verändern. Diesen neuen Anforderungen an Kompetenzen steht ein »Überschuss« an Managern der alten Schule gegenüber, der noch dadurch erhöht wird, dass in den Konzernen eine Vielzahl von Führungspositionen wegfällt und Managementkapazität frei wird. Das macht es den Entscheidern in den Versorgungsunternehmen schwer, für mittlere und gehobene Positionen externe Führungskräfte mit den gesuchten Kompetenzen und Potenzialen zu rekrutieren.

Mithin sind die Anforderungen an die interne Managemententwicklung und -förderung deutlich gestiegen. Es gilt, eine heterogenere Klientel auf völlig neue Fähigkeiten auszurichten. Der notwendigen interkulturellen Kompetenz etwa versuchen die Unternehmen dadurch Rechnung zu tragen, dass sie ausländische Führungskräfte, die durch Zukäufe und Fusionen zum Unternehmen gestoßen sind, in die Konzernzentralen im Inland holen und im Gegenzug eigene Führungskräfte zu den neuen Töchtern ins Ausland entsenden wollen. Mangels geeigneter oder interessierter eigener Führungskräfte scheitert dies aber oft.

Weil die eigenen Führungsressourcen nicht ausreichen, werden zumindest die Spitzenpositionen in den Versorgungsunternehmen verstärkt mit externen Top Executives besetzt. Die Erkenntnis, dass nicht mehr die intime Kenntnis der Energieversorgungsindustrie von entscheidender Bedeutung ist, sondern klare Führungseigenschaften und generalistische Fähigkeiten gefragt sind, hat dazu geführt, dass heute alle vier großen Player von branchenfremden Managern geführt werden.

Für die Zukunft bedeuten die aufgezeigten Entwicklungen, dass sich das Bild des Managers in der Energieversorgungsindustrie weiter verändern wird: Kompetenzen wie fachübergreifendes Wissen, strategische Orientierung und interkulturelle Sensitivität werden der Expertenkompetenz den Rang ablaufen. Die bisher stark technisch geprägte Veränderungskompetenz wird einer stärker auf das Gesamtunternehmen ausgerichteten Gestaltungskompetenz weichen müssen. Kaminkarrieren werden zwar nicht vollständig der Vergangenheit angehören, aber es wird immer mehr überraschende Karrierewege geben, die herausragende Führungskräfte in die obersten Positionen bringen. Auch werden die Möglichkeiten zum Quereinstieg in die Unternehmen auf allen Managementebenen steigen. Dies bedeutet allerdings, dass die Wechselwilligkeit von Managern in dieser Industrie steigen muss. Dies schließt eine deutlich größere Bereitschaft ein, sich auch lateral versetzen zu lassen, um mittelfristig einen Schritt in eine höhere Komplexitätsebene machen zu können.

Life Science Industry

Noch Anfang der 80er Jahre gehörte die deutsche pharmazeutische Industrie zu den größten Playern im internationalen Wettbewerb. Diese Position hat sich dramatisch geändert. Keine 20 Jahre später war Aventis das einzige Unternehmen auf den vorderen Plätzen mit zumindest teilweise deutschen Wurzeln. Die Globalität der Märkte und technischen Kompetenzen sowie die schrittweise globale Konvergenz der Zulassungsprozesse zwingen zum Handeln. So wird die deutsche Pharmaindustrie nur dann überleben können, wenn die Kompetenzen des Managements sich ebenfalls im globalen Wettbewerb messen lassen können.

Ob allein die Größe eine Grundvoraussetzung für das Überleben eines pharmazeutischen Unternehmens ist, ist bisher nicht bewiesen. Es gibt viele Beispiele profitabler und dauerhaft erfolgreicher Pharma-Unternehmen auch mittlerer und kleiner Größe, die über eine gut gefüllte R&D-Pipeline verfügen. Entscheidend ist offenbar die nachhaltige Entwicklung und Implementierung einer Unternehmensstrategie, die sich auf alle relevanten Funktionen, Therapiegebiete und Regionen erstreckt.

In der stark innovationsgetriebenen pharmazeutischen Industrie ist Tiefe und Breite des Fachwissens eine nach wie vor dominierende Kompetenz. Die in deutschen Unternehmen tätigen Führungskräfte können sich in dieser Hinsicht sicherlich mit dem internationalen Benchmark messen. Eine hochklassige Ausbildung – akademisch und beruflich – ist die Regel. Gerade in forschungsnahen Themen ist ein internationaler Austausch nicht nur unter Wissenschaftlern, sondern auch in der Industrie eine Selbstverständlichkeit.

Die in den letzten 15 Jahren zu verfolgende Entwicklung der klassischen funktionalen Organisationen hin zu modernen Matrixstrukturen mit bis zu vier Dimensionen (Funktion, Projekt, Region, Technologie) hat zu einer positiven Entwicklung der Teamfähigkeiten geführt. Führungskräfte der pharmazeutischen Industrie sind oft in hohem Maße fähig, in globalen virtuellen Teams aus verschiedenen Einheiten sehr effizient zu arbeiten. Gleichwohl haben die meisten Organisationen eine wirkliche Prozessintegration der drei Funktionen Forschung, Entwicklung und Marketing noch nicht in der Tiefe bewerkstelligen können.

Eine Folge ist, dass eine konsequente Marktorientierung oft nur in den »Downstream-Funktionen« Marketing und Vertrieb zu finden ist. Die »Upstream-Funktionen« Forschung und Entwicklung sind geprägt und beeinflusst von extrem aufwändigen und langatmigen Prozessen. Hinzu kommt die Beschäftigung mit Produkten, die den Markt – wenn überhaupt – erst nach bis zu 15 Jahren erreichen.

Die Mitarbeiterorientierung ist gerade in der deutschen Pharmaindustrie noch nicht ausreichend vorhanden. Komplexe Organisationsstrukturen bieten einerseits vielfältige Ansatzpunkte für die Entwicklung der Führungskräfte. Gleichwohl – und wahrscheinlich deshalb –

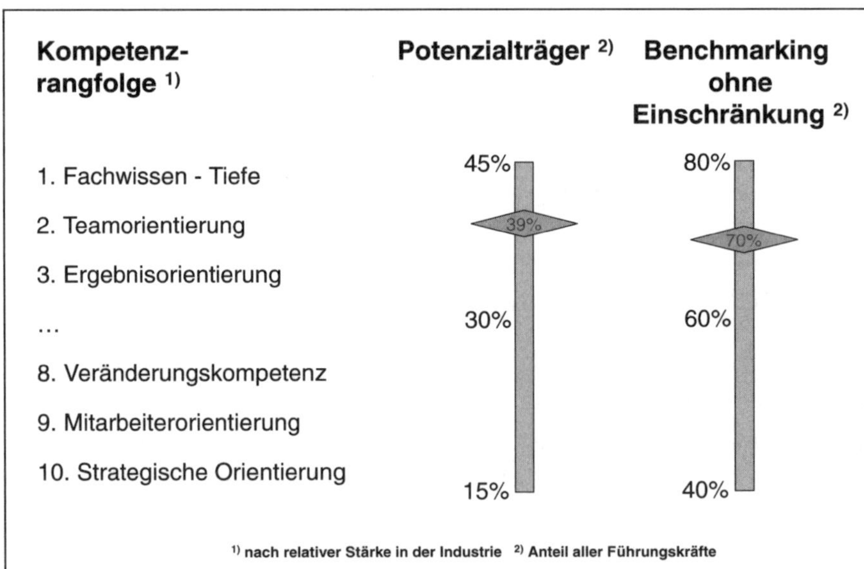

Abbildung 5.9: Life Science Industry – Branchenprofil

ist die Gestaltung und konsequente Verfolgung einer intelligenten Personalentwicklung eine Herausforderung an sich. Nicht alle Führungskräfte mit Personalverantwortung sind ihr gewachsen.

Auch die strategische Kompetenz ist noch verbesserungsfähig. Dies bezieht sich weniger auf die Fähigkeit zur Entwicklung einer Unternehmensstrategie, sondern viel mehr auf die Kompetenz zu deren konsequenter Implementierung. Beispielsweise kann sich die in der Regel sehr komplexe Portfoliosituation gerade im R&D-Bereich eines Unternehmens durch die Resultate klinischer Prüfungen oft signifikant verändern. Ein Unternehmen muss sich auf diese Unwägbarkeiten gut einstellen können. Das setzt ein zugleich stabiles und flexibles Strategiesystem voraus.

Viele deutsche Pharmaunternehmen sind schon heute weltoffen. Sie bieten nicht-deutschen Managern Entwicklungsperspektiven bis in die höchsten Ebenen. Internationale Gehaltsstandards werden zunehmend implementiert. Dieser Trend setzt sich bis in das Mittelmanagement fort; so ist der Grundstein dafür gelegt, dass die deutsche Pharmaindustrie im weltweiten Konzert zumindest qualitativ mithalten kann.

Consumer Industry

Für die Konsumgüterindustrie, den Handel und die Medien sind die Zeiten wirtschaftlich schwierig. Konjunkturflaute, Preiswettbewerb und Margendruck treffen sie hart. Gefragt wären in dieser Situation intelligente Querdenker, die sich von herkömmlichen Denk- und Handlungsmustern lösen können und innovative Wege gehen. Aber statt kreativer Neuansätze wird zum Beispiel im Handel häufig nur auf traditionelle Mittel, wie etwa den Preis als einziges Marketinginstrument, zurückgegriffen.

Besonders der Handel ist für viele Spitzenmanager nicht attraktiv. Die Unternehmen haben Probleme, Führungskräfte mit Potenzial für Toppositionen zu gewinnen und zu entwickeln. Ein Grund für die geringe Anziehungskraft der Handelsunternehmen sind ihre langen, klassischen Karrierewege: etwa vom Bezirksleiter zum Regionalleiter, dann zum Vertriebsleiter und schließlich zum Geschäftsführer im Vertrieb. Der Entscheidungs- und Handlungsrahmen ist begrenzt, bis die High Potentials in eine Gesamtverantwortung kommen.

Zudem ist der deutsche Handel bis auf wenige Ausnahmen noch zu einseitig national und zu wenig international ausgerichtet. Eine gezielte Entwicklung internationaler Führungskräfte oder die Rekrutierung internationaler Top-Manager finden kaum statt. Man spricht Deutsch. Die strategisch-konzeptionellen Kompetenzen sind im Vergleich zu anderen Branchen deutlich unterdurchschnittlich entwickelt; ganz nach dem Motto »retail is detail«. Zu häufig wird ein schwacher Branchenkenner eingestellt anstelle des deutlich besseren Branchenfremden, der »Added-Value«-Konzepte in das Unternehmen hineintragen könnte.

Gerade in der Fashionbranche demonstrieren internationale Ketten wie H&M oder Zara erfolgreich, wie mit innovativen, kundenorientierten Konzepten – vertikale Integration, klare Marktpositionierung – Wettbewerbsvorteile erzielt werden können, die zu enormem Umsatz- und Ertragswachstum führen. Einige dieser Unternehmen wachsen auch deshalb so ungehindert, weil ihren Wettbewerbern überzeugende Gegenkonzepte fehlen.

In der deutschen Medienbranche ist die generelle Qualifikation der Manager, um im internationalen Wettbewerb bestehen zu können, unterdurchschnittlich.

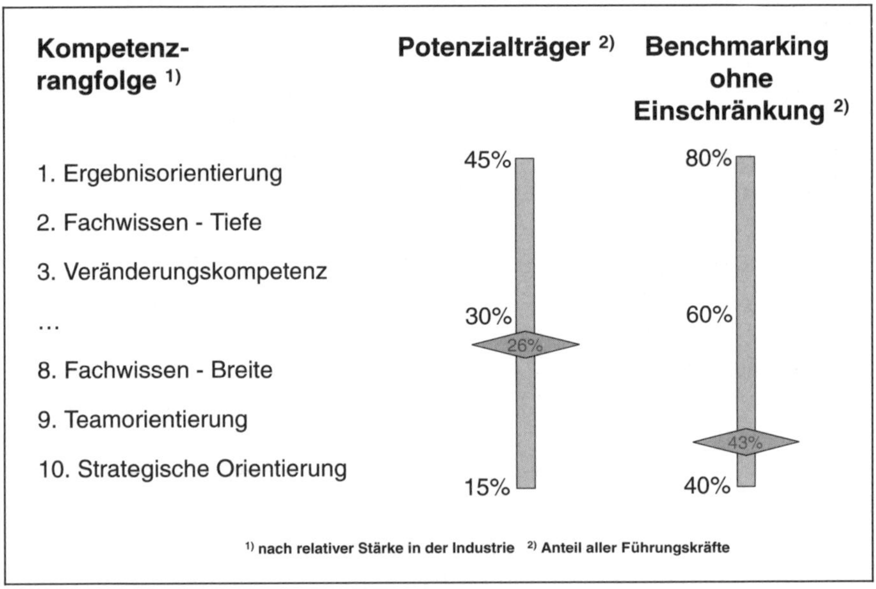

Abbildung 5.10: Consumer Industry – Branchenprofil

In den großen Konsumgüterkonzernen sind komplexe Matrixstrukturen mit hohem internen Abstimmungsbedarf anzutreffen. Die Freiheitsgrade für die regionalen Märkte werden immer weiter eingeschränkt.

Weil diese Rahmenbedingungen eher abschreckend wirken, sind die meisten Manager in der Consumer Industry nur Mittelmaß. In keiner anderen der von uns untersuchten Industrien ist der Prozentsatz der uneingeschränkt für ihre Position geeigneten Führungskräfte mit 43 Prozent so niedrig wie hier. Auch der Anteil der Potenzialträger verspricht mit 26 Prozent keinen schnellen Umbruch, könnte aber einiges bewirken, wenn er denn gezielt entwickelt und gefördert würde. Stattdessen haben wir festgestellt, dass gerade in der Krise viele Konsumgüter- und Handelsunternehmen ihr Engagement in der Führungskräfteentwicklung stark zurückfahren.

Service Industry

Mehr Markt, neue Technologien und Systeme, höhere geforderte Rentabilitäten – die Service Industry ist massiv unter Druck geraten. Dabei ist die ganze Branche, die im Wesentlichen in den drei Sektoren Transport und Logistik, kommerzielle Dienstleistungen, Airlines und Airline bezogener Industrie tätig ist, gleichermaßen betroffen. Für alle drei Segmente gilt: Traditionelle Universalanbieter treffen auf leistungsfähige Nischenspieler mit kräftigem Appetit auf kleine, aber feine Filetstücke. Die Großen der Branche – lange in öffentlicher Hand – wurden und werden privatisiert und sollen ihren neuen Eigentümern baldmöglichst Gewinne einbringen. Wettbewerbsfähige Supply Chains und das Management unterschiedlicher Partner in Netzwerken und Allianzen erfordern effiziente Prozesse und leistungsfähige IT-Systeme. Der Wandel, den diese Branche durchläuft, ist so tiefgreifend, dass jahrzehntelang bewährte Geschäftsmodelle jetzt auf dem Prüfstand stehen.

Betrachtet man das Management der Service Industry, so findet man traditionell Kaminkarrieren. Befördert wurde in der Vergangenheit derjenige, der die höchste Fachkompetenz aufwies. Es ist nicht ungewöhnlich, dass ehemalige Köche oder Reinigungsfachkräfte in Schlüsselfunktionen wirken. Was diese Branche neben der hohen fachlichen Kompetenz ausnahmslos auszeichnet, sind die hohe Durchsetzungsfähigkeit und der ausgeprägte Wille zum Erfolg bei ihren Managern.

Wie kaum anderswo findet man hier die »Haudegen und Macher«. Kein Wunder, denn diese Branche beschäftigt Heerscharen von zum Teil gering qualifizierten Mitarbeitern, und trotz hoher Umsätze werden bei extrem niedrigen Margen nur schmale Renditen erzielt. Da darf nichts schief gehen. Ziel- und Ergebnisorientierung sind deshalb stark ausgeprägte Eigenschaften.

Ein breites, über den Tellerrand hinaus gehendes Fachwissen ist dagegen nicht zu finden. Strategische Kompetenz wird oft mit Taktik verwechselt, englische Sprachkenntnisse, die vielfach vorhanden sind, werden mit der Fähigkeit gleichgesetzt, auch mit anderen Kulturen umgehen zu können. Die Betrachtung erfolgt jedoch weitgehend aus deutscher Perspektive.

Die Internationalisierung sowie der wachsende globale Wettbewerb haben die Anforderungen an das Management in der Service Industry klar verändert. Übernahmen, Fusionen und Ausgründungen erfordern von den Managern die Fähigkeit zur Restrukturierung und Integration. Dazu brauchen sie Fach übergreifende Fähigkeiten und müssen in der Lage sein, eine Geschäftseinheit, ein Unternehmen oder die Branche ganzheitlich zu betrachten. Im Vordergrund steht nicht mehr nur die Weiterführung des bewährten Geschäftsmodells, sondern ent-

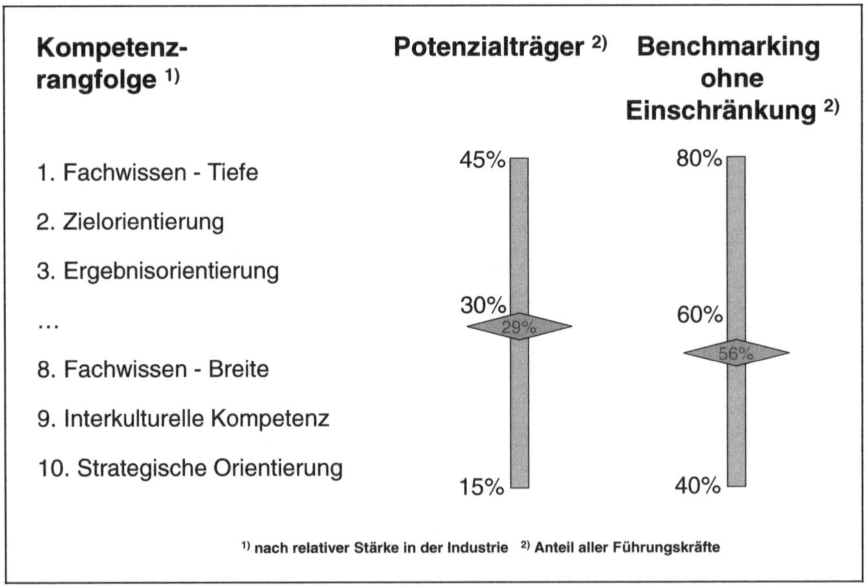

Abbildung 5.11: Service Industry – Branchenprofil

scheidende Veränderungen müssen rechtzeitig antizipiert werden. Als Positivbeispiel kann an dieser Stelle die Deutsche Post genannt werden, die diese strategische Schwäche ihrer Führungskräfte erkannt und sich mit ehemaligen Strategieberatern im Topmanagement nachhaltig und erfolgreich verstärkt hat. Es ist auch nicht verwunderlich, dass in Servicefirmen zunehmend branchenfremde Unternehmenslenker zu finden sind.

Für die Zukunft bedeuten die aufgezeigten Entwicklungen, dass sich das Bild des Managements in der Service Industry weiter verändern wird. Fachwissen und persönliche Kompetenzen werden durch übergreifendes Wissen, strategische Orientierung und interkulturelle Sensibilität abgelöst. Die bisher stark ausgeprägte Ziel- und Ergebnisorientierung wird einer stärker auf das Gesamtunternehmen ausgerichteten unternehmerischen Kompetenz weichen müssen. Ein Blick über die Landesgrenzen hinweg lässt erkennen, dass erfolgreiche Manager dieses neuen Zuschnitts aus der Service Industry auch attraktiv für andere Branchen sein können. Beispiele dafür sind der ehemalige ISS-Manager Carl-Henric Svanberg, heute CEO von Ericsson, oder Michael Kern, ehemals CEO Europe von Europcar, heute CEO bei der zum Barilla-Konzern gehörenden Bäckereikette Kamps.

Banking Industry

Nach erfolgreichen Geschäftsjahren Ende des vergangenen Jahrzehnts befindet sich die deutsche Kreditwirtschaft derzeit in einer Phase tiefgreifender Restrukturierung. Allein die vier großen deutschen Adressen haben zwischen 2000 und 2003 mehr als 50 000 Mitarbeiter entlassen. Auch die internationalen Finanzinstitute in Deutschland mussten ähnliche Maßnahmen ergreifen. Insbesondere der starke Rückgang des Geschäfts an den nationalen und internationalen Kapitalmärkten sowie massive Kreditausfälle führten zu einer in diesem Ausmaß noch nie da gewesenen Restrukturierungsanstrengung. Bis dahin waren Führung und Steuerung der Unternehmen nur bedingt durch Risiko adäquate Instrumente unterstützt worden – Veränderungen waren nicht konsequent genug angegangen worden.

Dazu kam die eigentlich alte Erkenntnis aus den frühen 90er Jahren, dass wesentliche Zweige der Bankwesen, wie etwa das Retail-Banking, personell überbesetzt und strategisch falsch positioniert waren.

Der deutsche Bankenmarkt ist »overbanked«, das heißt, er ist zu fragmentiert. In zu vielen Filialen bemühten sich zu viele Mitarbeiter um die Kundschaft. Diese Faktoren und eine im internationalen Vergleich geringe Nettozinsspanne führten zu signifikanten Problemen in der Kostenstruktur.

Ausländische Finanzinstitute haben längst die Führerschaft hinsichtlich strategischer Fokussierung, Kosteneffizienz und Marktkapitalisierung übernommen. So finden sich die deutschen Banken zu Beginn dieses Jahrzehnts in einer Situation wieder, in der die erforderlichen, längst überfälligen Strukturanpassungen erst jetzt konsequent angegangen werden. Kreditprozesse und Kreditportfolios werden überarbeitet. Dabei steht die Fokussierung auf Profitabilität im Vordergrund. Die Konsolidierung im Retail schreitet schnell voran.

Entsprechend deutlich fallen seitdem auch die personellen Anpassungsmaßnahmen aus. Es geht nicht nur um den Abbau von Arbeitsplätzen, sondern vielmehr um die Qualität der Mitarbeiter: Neben dem Financial Capital wird nun auch das Human Capital systematisch einer Bewertung unterzogen. Noch führen Bankmanager stark über Fachlichkeit. Ihre Kompetenzen in der Mitarbeiterführung sind unterdurchschnittlich ausgeprägt. Die strategische Orientierung und

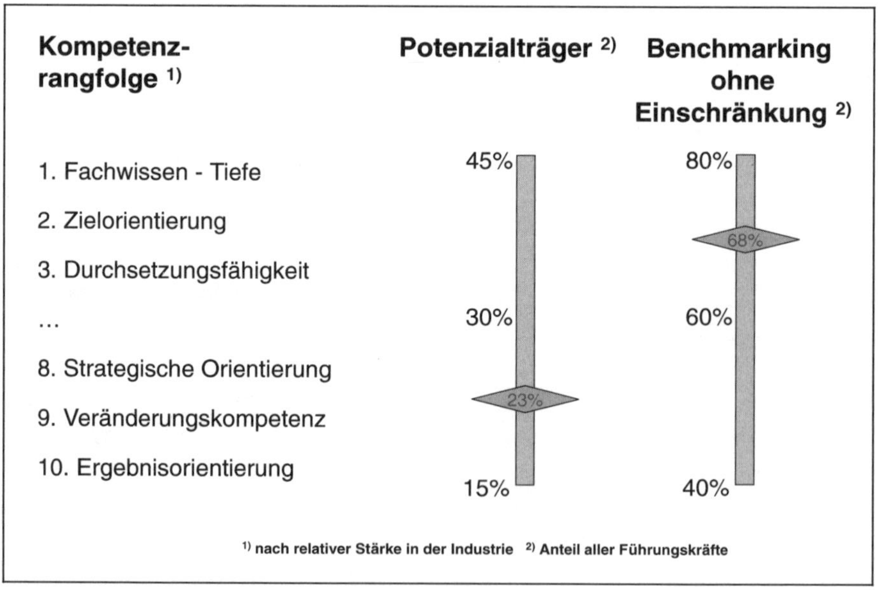

Abbildung 5.12: Banking Industry – Branchenprofil

deren Umsetzung sind oft nicht klar nachvollziehbar. Es fehlt an der notwendigen Kommunikation nach innen und nach außen, etwa in Richtung Kapitalmärkte.

Insurance Industry

Nach einer jahrzehntelangen Entwicklung ohne grundsätzliche strukturelle Veränderungen ist wie in vielen anderen Branchen auch die Versicherungswirtschaft im Umbruch. Neue Produkte bei Lebens-, Sach- und Krankenversicherungen sowie veränderte Marketing- und Vertriebsstrategien kennzeichnen die heutige Situation. Hierzu kommen die zunehmende Internationalisierung des Lebens- und Rückversicherungsgeschäfts und die ersten Unternehmensübernahmen/-zusammenschlüsse.

Insgesamt zeichnet sich die deutsche Versicherungswirtschaft nach wie vor durch einen hohen Fragmentierungsgrad, vor allem im Bereich Leben, aus. Viele Versicherungsgesellschaften leiden unter einer Reihe von Fehlentscheidungen in den vergangenen Jahren. Aufgrund des Wettbewerbs um neue Geschäftsanteile wurden, insbesondere in der Lebensversicherung, die Gewinnbeteiligungen in den vergangenen Jahren zu hoch angesetzt; es wurde mehr an die Kunden ausgeschüttet, als mit Kapitalanlagen zu verdienen war. Die Kapitalmarktkrise traf die deutschen Lebensversicherer finanziell hart.

Vor dem Hintergrund verschärfter Wettbewerbsbedingungen und sich verändernder Marktstrukturen müssen die Versicherungsgesellschaften ihre Chancen nutzen und das Wachstum in Wertsteigerung übersetzen. Die Versicherungswirtschaft in Deutschland steht mithin vor einer großen Herausforderung. Es sind neue, bisher kaum entwickelte Fähigkeiten beim Management erforderlich.

Historisch haben sich die Versicherungsgesellschaften spartenorientiert aufgestellt und entwickelt. Vor diesem Hintergrund ist es verständlich, dass viele der heutigen Manager klassische spartenorientierte Karrieren absolviert haben. Wenn Fachwissen die mit Abstand am stärksten ausgeprägte Kompetenz darstellt, überrascht das nicht. Erst seit wenigen Jahren sind erste Anzeichen bei einigen Versicherungsgesellschaften zu erkennen, spartenübergreifend, insbesondere in den Back-Office-Funktionen, Synergien zu nutzen, ohne das Spezialisten-Know-how innerhalb der einzelnen Sparten aufzugeben.

Die anstehenden Herausforderungen für alle Versicherungsgesellschaften setzen umfangreiche Maßnahmen voraus, die wachstums- und wertsteigernd sein müssen. Dazu gehören:

- Sicherung der finanziellen Solidität, d. h. Berücksichtigung der Kapitalausstattung, Ausbau des Risikomanagements/Asset Liability Managements sowie die Überprüfung des Produktportfolios im Bezug auf die ökonomische Wertsteigerung;
- Marketing- und Vertriebsstrategie, d. h. Auswahl der richtigen wertschaffenden Kanäle, Steigerung der Effektivität und Effizienz eigener Vertriebskanäle sowie Zugang zu und Aufbau von Verhandlungsmacht gegenüber starken Dritt Vertrieben
- Operative Exzellenz, d. h. Einleitung kontinuierlicher Kostensenkungsprogramme und Restrukturierungen, wie sie bereits in vielen anderen Industrien stattgefunden haben.

Angesichts dieser umfangreichen Aufgaben ist es folgerichtig, dass die Anforderungen an die Führungskräfte der Versicherungsgesellschaften nachhaltig gestiegen sind und sich zum Teil deutlich verändert haben. Insbesondere bei den Kompetenzen Strategische Orientierung sowie Durchsetzungsfähigkeit besteht bei vielen deutschen Versicherungsge-

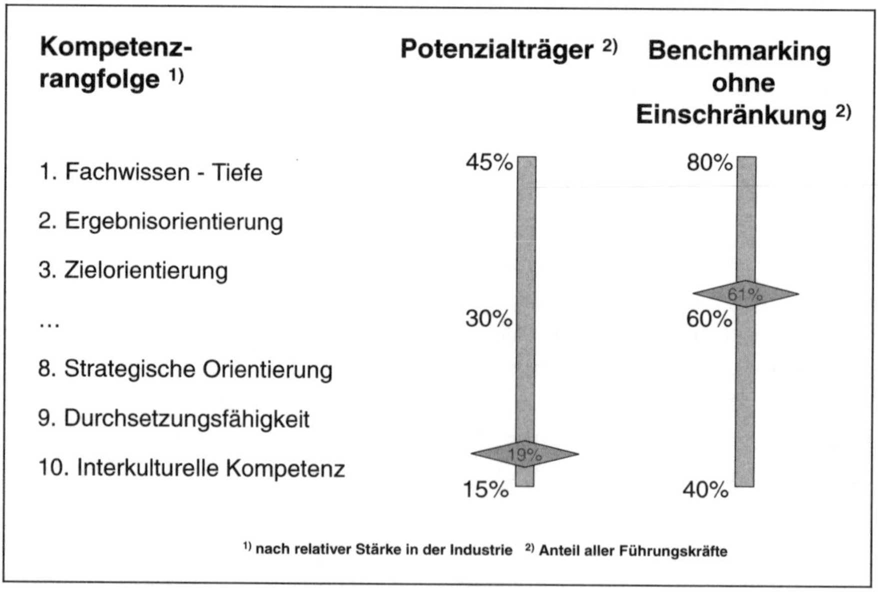

Abbildung 5.13: Insurance Industry – Branchenprofil

sellschaften Handlungsbedarf. Dies impliziert den vorausschauenden Aufbau entsprechender Fähigkeiten im Unternehmen und die kontinuierliche zielgerichtete Qualifizierung der Mitarbeiter.

In Zukunft wird sich das Bild des Managers in der Versicherungswirtschaft nachhaltig weiter verändern. Die genannten Kompetenzen werden das vorherrschende Fachwissen dominieren. Die eher technisch geprägte Veränderungskompetenz wird durch eine stärker auf das Gesamtunternehmen ausgerichtete Gestaltungskompetenz ersetzt werden müssen. Klassische spartenorientierte Karrieren wird es nach wie vor geben, aber der Bedarf an generalistisch denkenden und handelnden Managern wird steigen und auch branchenfremden Führungskräften attraktive Positionen bieten. Die Frage wird sein, inwieweit eine bisher eher verschlossene Versicherungsindustrie sich gegenüber Branchenfremden öffnet.

6. Was Führungskräfte aus einem Management Appraisal lernen können

Unternehmen setzen heute in der Beurteilung von Mitarbeitern und Managern eine Vielzahl ausgefeilter Instrumente ein. Vorgesetzte führen formalisierte Jahresgespräche mit ihren Mitarbeitern. 360°-Feedbacks sollen ein möglichst komplettes Bild von der Leistung eines Managers liefern. Doch trotz dieses Aufwands erhalten viele Führungskräfte kaum je ein regelmäßiges, inhaltlich fundiertes und tatsächlich konstruktiv-kritisches Feedback. Zu häufig sind Beurteilungen und Rückmeldungen Pflichtübungen, beeinflusst vom firmeninternen Beziehungsgeflecht oder von unausgesprochenen taktischen Erwägungen – man will ja schließlich auch in Zukunft zusammenarbeiten.

> **D**ie Akzeptanz des Management Appraisals in der Organisation ist insbesondere dann gut, wenn die Feedbackgespräche den Betroffenen wertvolle Erkenntnisse über ihre eigene Position geben; nicht in der Form des Aufzeigens von Schwachstellen, sondern als Herausforderung, ihre Verbesserungspotenziale zu entdecken und zu nutzen.
>
> Juergen Heraeus, Vorsitzender des Aufsichtsrats, Heraeus Holding GmbH

Unsere Erfahrung zeigt, dass viele Führungskräfte dagegen sehr unsicher sind, wie sie mit dem Urteil eines Externen umgehen sollen. Das ist nicht verwunderlich. Im Gegensatz zur hausinternen Gemengelage können sie schlecht einschätzen, was auf sie zukommt. Deshalb betonen wir immer wieder: Sinn des Feedbacks bei einem Management Appraisal ist es nicht, eine gute oder eine schlechte Beurteilung abzugeben. Wenig zielführend im Feedback-Gespräch sind Diskussionen, ob die Bewertung überhaupt zutrifft oder wie sie widerlegt werden kann. Aber auch das Gegenteil, vollständige Übereinstimmung in der Analyse und allgemeine Harmonie, ist nicht erstrebenswert. Es geht uns vielmehr darum, auf der Basis einer Standortbestimmung einen Entwicklungsprozess anzustoßen.

6.1 Das Management Appraisal als Spiegelbild

Im Feedback halten die Berater als neutrale, unbefangene Dritte der Führungskraft einen Spiegel vor, der aus professioneller Sicht das Eigen- mit dem Fremdbild vergleicht und dabei insbesondere den externen Markt berücksichtigt. Dieser Spiegel soll zeigen, wo Stärken und Defizite der Führungskraft liegen, und zwar sowohl hinsichtlich der aktuellen Position als auch im Hinblick auf die weitere Karriere. Daraus ergeben sich Ansatzpunkte für eine mögliche Entwicklung – wenn das Feedback im Kern zutrifft und angenommen wird.

Nur wenn die Führungskraft bereit ist, sich zu öffnen und sich im Feedback-Gespräch auf die Ergebnisse des Appraisals einlässt – in den Spiegel schaut und sich darin erkennt, um im Bild zu bleiben –, kann überhaupt ein Veränderungsprozess in Gang gesetzt werden. Das ist eine unabdingbare Voraussetzung und nicht immer einfach. Natürlich tun sich die Manager leichter damit, denen das Appraisal mehr Stärken bei Kompetenzen und Potenzialen bescheinigt, als jene, die schwächer abschneiden. Aber so schmerzhaft der Prozess im Augenblick der Konfrontation auch sein mag, meist gelingt es überhaupt erst dem neutralen Externen, etwas Neues anzustoßen. Er ist zwar vielleicht der Überbringer schlechter Nachrichten, steht aber zugleich nicht im Verdacht, dass damit irgendein unternehmenstaktisches Kalkül verbunden sein könnte. Diese Erfahrung spiegelt sich auch in der Tätigkeit erfolgreicher Management Coaches wie Michael Löhner wider. »Wir leben«, sagt Löhner, »alle in unserem Wahrnehmungsgefängnis, und die Tür lässt sich nur von außen öffnen!«

Wertvolle Hinweise erhält eine Führungskraft durch den Vergleich mit externen Marktstandards, die der Berater in seine Beurteilung mit einbezieht. Das hilft, die Perspektive zu erweitern und die eigene Position zu relativieren. Folgt der Annahme der Appraisal-Ergebnisse der

Wunsch, sich weiterzuentwickeln, lässt sich auf den Erkenntnissen der Evaluierung ein maßgeschneiderter Entwicklungsplan aufsetzen.

Gelegentlich wünschen sich Unternehmen, die ein Management Appraisal durchführen wollen, dass die Entwicklungsplanung gleich Bestandteil der Feedback-Gespräche sein sollte. Unsere praktische Erfahrung zeigt jedoch, dass eine derartige Verknüpfung nur bedingt sinnvoll ist. Besser ist es, wenn die Führungskräfte die Schritte »Einsicht, Wille und Entwicklung« nacheinander absolvieren. Wir haben in einem Feedback-Gespräch bereits viel erreicht, wenn die jeweilige Führungskraft ihre identifizierten Stärken und Defizite erkennt und annimmt. Es bedarf jedoch noch einer gründlichen mentalen Auseinandersetzung mit diesen Ergebnissen, bevor der Wille, daran etwas ändern zu wollen, sich manifestiert. Diese Zeit sollte sich jeder nehmen, und das Unternehmen sollte sie seinen Managern geben. Denn das persönliche Commitment ist unbedingt notwendig, wenn ein Entwicklungsplan Ziel führend und erfolgreich sein soll. Keiner der Beteiligten sollte also das Feedback-Gespräch als überstürzte Entwicklungsplanung oder gar als Coaching missverstehen.

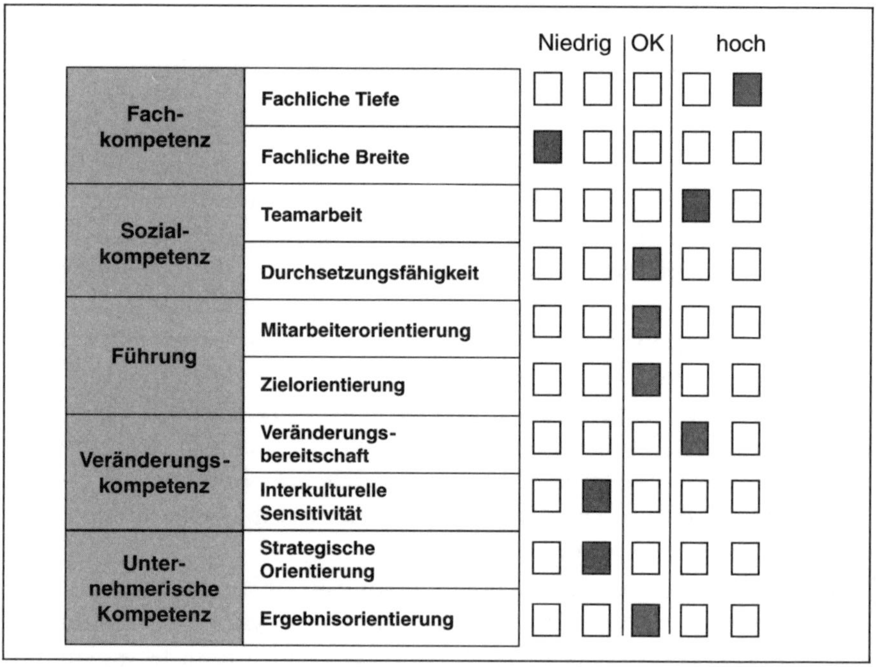

Abbildung 6.1: Kompetenzprofil – Ergebnisbeispiel

Abbildung 6.1 zeigt das Kompetenzprofil einer Führungskraft, wie es in dieser Ausprägung tatsächlich vorkommt. Es ist das »Bild« eines Managers, der in der Mehrzahl der evaluierten Kompetenzen den Anforderungen, gemessen an seiner heutigen Aufgabe, entspricht oder diese übererfüllt. Diese Führungskraft verfügt über tiefes Expertenwissen, kann sehr gut im Team arbeiten und ist in hohem Maß bereit zu Veränderungen. In den Führungskompetenzen Durchsetzungsfähigkeit, Mitarbeiterorientierung, Ziel- und Ergebnisorientierung entspricht der Manager aus unserem Beispiel den Erwartungen. In drei Punkten, nämlich bei der fachlichen Breite, der interkulturellen Sensitivität und der Strategieorientierung ist die Kompetenzausprägung niedriger als erforderlich. Durch die geringe fachliche Breite und die niedrige strategische Orientierung fehlt offensichtlich der Blick für das Ganze und damit eine unternehmerische Ader. Angesichts der vorhandenen Defizite dürfte eine komplexere Aufgabe als die aktuelle nicht gerechtfertigt sein.

Die Abbildung der Stärken und Schwächen einer Führungskraft im Rahmen eines Kompetenzmodells bietet deutliche Hinweise auf mögliche Entwicklungserfordernisse oder auf ein Potenzial. Liegt eine Führungskraft in verschiedenen Kompetenzen in ihren Ausprägungen unterhalb des notwendigen Niveaus, so ist dies ein klarer Hinweis auf notwendige Veränderungen; entweder muss die Aufgabe entsprechend angepasst werden, oder die Führungskraft braucht eine gezielte Förderung. Ein Manager, der in allen definierten Kompetenzen dem erwarteten Niveau entspricht, ist ein Leistungsträger – noch kein Potenzialträger. Nur wer bei mehreren Kompetenzen deutlich über den definierten Sollwerten liegt, hat vermutlich die Befähigung, weitaus schwierigere Aufgaben zu meistern.

Natürlich gibt es Grauzonen. Häufig, wie im oben aufgeführten Beispiel, liegen Führungskräfte in manchen Dimensionen über dem Sollniveau, in anderen Dimensionen aber darunter. Es gibt keinen Algorithmus, der eine Führungskraft quasi automatisch der einen oder anderen Gruppe von Leitenden zuweist. Hier bedarf es der fallweisen Betrachtung. Genauso individuell ist die Frage zu lösen, welche Maßnahmen einer Führungskraft helfen, in einer bestimmten Kompetenzdimension von einer Stufe auf die nächste weiterzukommen. Selbst wenn das Ausgangsniveau gleich ist, kann das »Erklimmen der nächsten Stufe« für zwei Führungskräfte unterschiedliche Schwerpunkte und Maßnahmen bedeuten. Wenn die Unternehmensleitung festlegt, wie die einzelnen Kompetenzstufen sich definieren, so ergibt das zwar konkrete Hinweise hinsichtlich der gewünschten Richtung der Entwicklung. Der Weg dahin kann trotzdem unterschiedlich sein.

6.2 Potenziale erschließen, den Wirkungsgrad erhöhen

Neben dem jeweils individuellen Bild der Stärken und Defizite einer Führungskraft können die aggregierten Ergebnisse aus mehreren Management Appraisals wertvolle Hinweise für die allgemeine Entwicklung von Führungskräften geben. Was zum Beispiel unterscheidet Führungskräfte mit einem hohen Grad an Aufgabenerfüllung von denjenigen, die in ihrer Aufgabe nicht voll befriedigend eingeschätzt werden? Gibt es auffallende Gemeinsamkeiten, die Potenzialträger bei der Ausprägung der Kompetenzen aufweisen – im Gegensatz zu Leistungsträgern ohne Potenzial?

Um diesen Fragen auf den Grund zu gehen, haben wir Führungskräfte, die ihre Aufgaben in einem hohen Maß erfüllen, mit jenen verglichen, die einen nicht voll befriedigenden Grad der Aufgabenerfüllung aufweisen. Die größten Abweichungen zwischen Leistungsträgern und Führungskräften, die entweder falsch eingesetzt sind oder sich entwickeln müssen, ergaben sich bei den Kompetenzen Durchsetzungsfähigkeit, Zielorientierung und Ergebnisorientierung. Wesentlich geringer fielen die Unterschiede zwischen den Gruppen bezüglich Team- und Mitarbeiterorientierung oder interkultureller Sensitivität aus, die alle eher weiche Faktoren und zwischenmenschliche Interaktionen ansprechen.

Ein ganz anderes Bild ergibt sich, wenn man nach den Unterschieden zwischen Leistungsträgern ohne Potenzial und Leistungsträgern mit Potenzial forscht. Mit großem Abstand profilieren sich die Potenzialträger insbesondere durch eine stärkere strategische Orientierung und eine hohe Veränderungskompetenz, während sie sich bei Mitarbeiterorientierung und Expertenwissen weit weniger deutlich von den soliden Leistungsträgern abheben. Der Potenzialträger ist also tendenziell eine Führungskraft, die in strategisch-konzeptionellen Zusammenhängen denkt, in hohem Maße veränderungsbereit und -fähig ist und weniger durch Expertenwissen getrieben ist. Die fachliche Breite

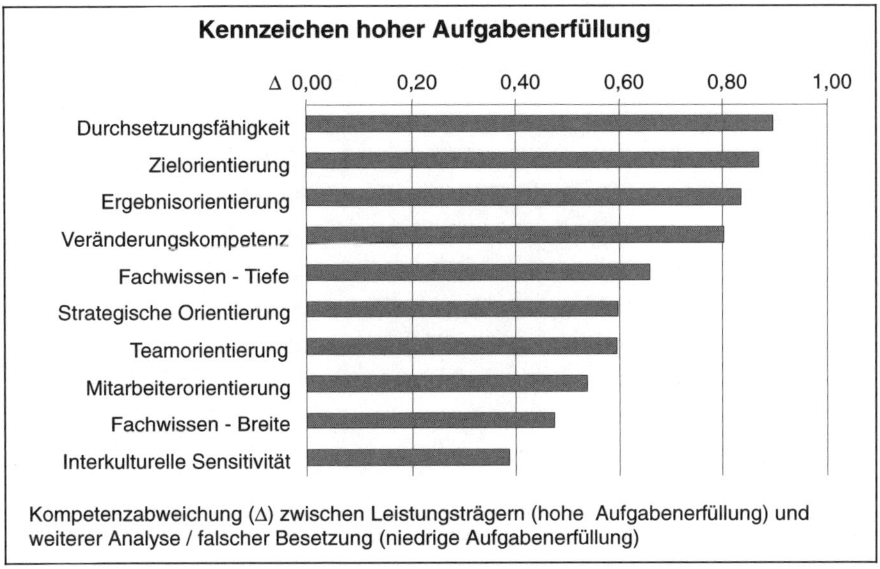

Abbildung 6.2: Was kennzeichnet hohe Aufgabenerfüllung? (3408 Führungskräfte)

nimmt im Gegensatz zum Expertenwissen bei den Potenzialträgern einen recht hohen Stellenwert ein. Dies passt zu der Erwartung, dass Potenzialträger eher Generalisten sind und unterschiedliche Perspektiven kennen, um auf einem breiten Fundament aufbauen und neue Herausforderungen angehen zu können.

Derartige aggregierte Kompetenzanalysen sollten nur als generische Hinweise verstanden werden. Sie liefern aber doch eine recht konkrete Argumentationshilfe, wenn eine Führungskraft mit ihrer Beurteilung nicht einverstanden ist. Ein Beispiel: Ein ambitionierter Manager, der sich selbst zu den herausragenden Potenzialträgern seines Unternehmens gerechnet hat, ist »nur« als solider Leistungsträger eingeschätzt worden, weil u. a. seine strategische Orientierung nur durchschnittlich ist. Wenn der Betreffende die Bedeutung gerade dieser Kompetenz als Indiz für Potenzialträger akzeptiert, dürfte dies für ihn zugleich ein wichtiger Fingerzeig sein, wo er in seinem persönlichen Entwicklungsprogramm den Hebel für Verbesserungen am wirkungsvollsten ansetzen kann. Gleiches gilt für eine Führungskraft, der eine niedrige Durchsetzungsfähigkeit bescheinigt und der nahe gelegt wird, ihren Wirkungsgrad in der aktuellen Aufgabe zu erhöhen. In Verbindung mit

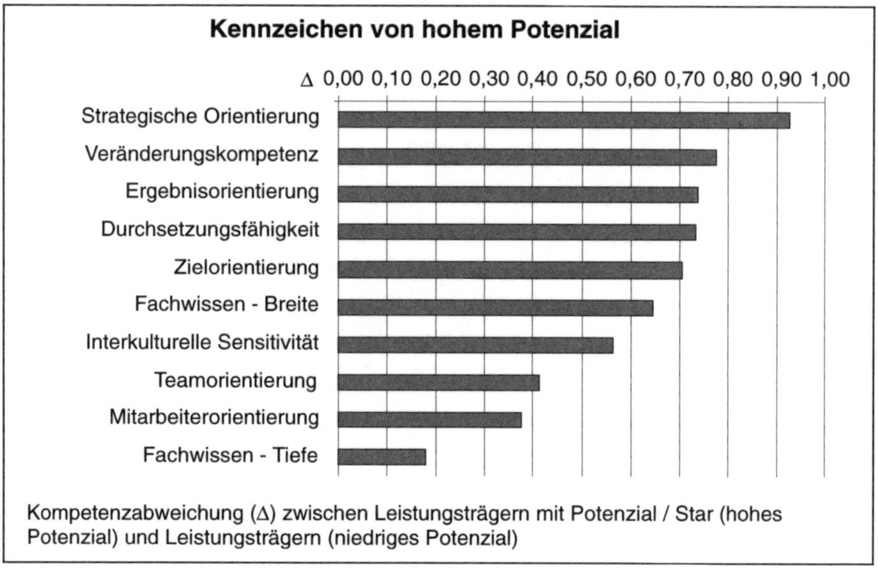

Abbildung 6.3: Was kennzeichnet hohes Potenzial? (3408 Führungskräfte)

einer persönlichen Evaluierung können diese allgemeinen Bilder also durchaus Akzente in einem individuellen Entwicklungsplan setzen.

6.3 Erkenntnisse umsetzen

Wer als Führungskraft seine identifizierten Stärken und Schwächen akzeptiert und den Willen hat, die starken Seiten auszubauen und die Defizite zu eliminieren, schafft sich selbst die besten Voraussetzungen für die weitere Entwicklung. Doch Achtung: Niemand sollte auf allzu schnelle Erfolge hoffen. Gelegentlich äußern Führungskräfte schon in den Feedback-Gesprächen die Bitte, konkrete Hinweise zu bekommen, wie sie sich verbessern könnten. Es mag etwas enttäuschend sein, aber die Berater können und wollen hier nicht mit simplen Antworten schnell bei der Hand sein. Es handelt sich schließlich um komplexe Themen, bei denen nicht einfach nur »ein Schalter umgelegt« werden muss, oder die Empfehlung eines Aufbaukurses Management schon die Lösung wäre.

Eine Entwicklung im Rahmen der Kompetenzstufen ist ein langfristiger Prozess, der sorgfältig geplant und konsequent umgesetzt werden muss. Als Faustregel haben wir festgestellt, dass sich eine Führungskraft innerhalb von ein bis zwei Jahren kaum um mehr als eine Stufe in einer Kompetenz verbessern kann.

Nach Ansicht von Organisationspsychologen sind es drei Dimensionen, in denen Veränderungen stattfinden können, wenn sich eine Führungskraft jenseits von fachlichen Themen weiterentwickeln will: im Denken, bei den Strukturen und im Verhalten. Das Denken einer Führungskraft zu verändern mag vordergründig als erstrebenswert erscheinen. Aber das Denken eines Menschen verändert sich nur sehr langsam und ist eher das Resultat von verarbeiteten Erfahrungen als das Ergebnis eines kognitiven Prozesses, der bewusst und innerhalb einer kurzen Zeitspanne gesteuert werden könnte. Verändertes Denken ist eher zu verstehen als das Resultat eines langfristigen Prozesses, der durch veränderte Strukturen oder Verhaltensweisen beeinflusst wird.

Wie neue Strukturen die Entwicklung einer Führungskraft beeinflussen, scheint offensichtlich, wenn damit die Neugestaltung eines Verantwortungsbereiches oder gar eine völlig neue Aufgabe in einem neuen Umfeld gemeint ist. Aber auch hier wird die Wirkung erst im Lauf der Zeit sichtbar. Die Summe der verarbeiteten Erfahrungen ist der Auslöser für eine Weiterentwicklung, die häufig unter dem Begriff Verbreiterung des Horizontes sehr allgemein angestrebt wird. Die strukturelle Veränderung allein garantiert dabei noch keine positive Entwicklung. Aus dem neuen Umfeld oder der neuen Aufgabe müssen die entsprechenden Impulse kommen, die entsprechend aufgenommen und verarbeitet werden.

Aus Sicht der jeweiligen Führungskraft am offensichtlichsten und gleichzeitig am leichtesten zu steuern ist die Veränderung des Verhaltens. Problemstellungen bewusst anders anzugehen, im Lösungsverhalten neuen Regeln zu folgen, das kann man üben und lernen; am besten unter der Anleitung eines erfahrenen Coaches. Es gibt zwar keine Patentrezepte für neue Verhaltensmaßregeln nach einem »Wenn-Dann-Schema«, sehr wohl aber Muster, die in bestimmten Situationen vernünftige Ansatzpunkte bieten.

Wir wollen abschließend an Hand des anfangs beschriebenen Kompetenzprofils darstellen, wie die Erkenntnisse aus einem Feedback praktisch umgesetzt wurden. Das besagte Profil beschrieb den Leiter des funktionalen Controllings eines mittelständischen Industrieunter-

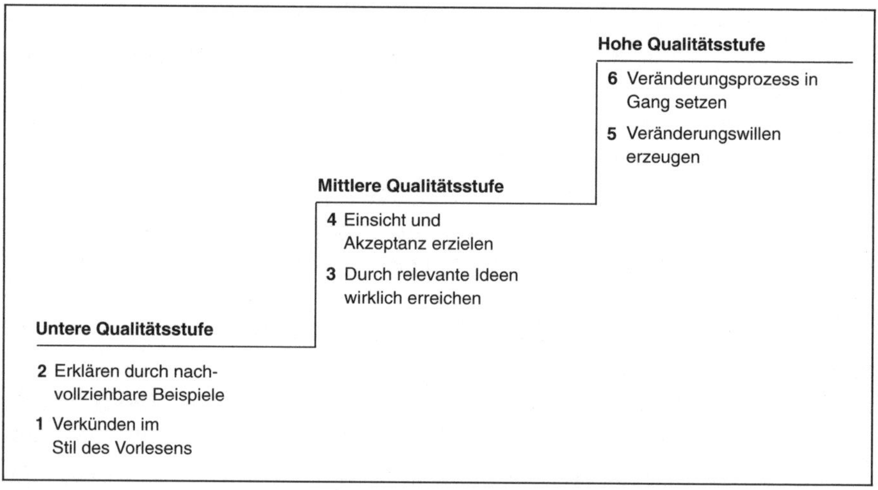

Abbildung 6.4: Ein gutes Feedback erzeugt nicht nur Einsicht, sondern setzt Veränderungen in Gang

nehmens. Als »gewachsener Experte« war er fachlich hervorragend, jedoch mangels Erfahrung und eigenem Antrieb sehr funktionsbezogen und nicht fachübergreifend in seiner Sichtweise. Zwar war er bereit, Veränderungen mitzutragen und mit großem Einsatz voranzutreiben, steuerte jedoch zu wenig eigene Ideen und strategische Beiträge dazu bei. Insgesamt wurde er als Experte in seiner Funktion bestätigt, war aber kein Potenzialträger mit der Befähigung für eine deutlich komplexere Aufgabe. Der kaufmännische Vorstand des Unternehmens als unmittelbarer Vorgesetzter des Controllers bestätigte diese Analyse in vollem Umfang.

Diese Einschätzung entsprach freilich keineswegs der persönlichen Wahrnehmung und Ambition des Managers, der ungemein leistungswillig und ehrgeizig war. Trotz seiner anfänglichen Enttäuschung, kein unmittelbares Potenzial bescheinigt zu bekommen, war er nach einem sehr konstruktiven und offenen Feedback-Gespräch unter vier Augen bereit, die Ergebnisse des Appraisals als zutreffend zu akzeptieren. Im Anschluss an das Feedback wurden deshalb gemeinsam mit dem Vorgesetzten folgende Entwicklungsschritte für den Controller vereinbart:

- Als strukturelle Anpassung sollte das funktionale Aufgabengebiet reduziert werden. Damit bekam der Manager Zeit für eine Teilverantwortung im internationalen Beteiligungscontrolling und in Projektaufgaben. Diese Veränderung würde es mit sich bringen, dass der Controller regelmäßig Kontakt zu anderen Vorstandsmitgliedern hätte und sich nicht mehr nur mit primär kaufmännischen Fragen auseinandersetzen müsste.

- Beim Verhalten wurde der Controller aufgefordert, seine fundierten Analysen stärker um Empfehlungen zu bereichern. Dazu sollte er seine Analysen um vorstrukturierte Handlungsempfehlungen erweitern, die zuvor mit dem Leiter der Unternehmensentwicklung zu besprechen waren. Die stärkere Einbindung in Projektarbeit sollte ihn gleichzeitig fordern, nicht nur konzeptionell, sondern anwendungsbezogen zu arbeiten, da sowohl die Qualität seiner Handlungsempfehlung als auch sein Beitrag bei der Implementierung Bestandteil der nächsten Jahresgespräche sein sollten.

7. Durchführung eines Management Appraisals

Es ist das gute Recht aller Beteiligten, bei einem Management Appraisal höchste Sorgfalt im Prozess einzufordern. Für die evaluierten Führungskräfte stellt ein Management Appraisal nicht selten die Weichen in ihrer Karriereentwicklung. Für sie ist nichts anderes als ein absolut professionelles Vorgehen akzeptabel. Und nur ein derartiges Procedere verspricht ja auch jene aussagekräftigen Ergebnisse, die das Unternehmen erwartet und mit denen es etwas anfangen kann. Neben dem Nutzenaspekt sollten sich die Topentscheider in den Firmen darüber im Klaren sein, dass das sensible Thema »Führungskräfteevaluierung« sowohl mit großer Verantwortung gegenüber den Mitarbeitern als auch gegenüber der Organisation verbunden ist. Ein Appraisal darf nicht einfach fehlschlagen! Das würde für nachhaltige Unruhe und Irritationen sorgen, die ein Unternehmen schwer erschüttern können.

> **D**as Beratungsteam hat mit hoher Professionalität bekannte, aber auch überraschende Ergebnisse zu Tage gefördert, die in der Klarheit und Transparenz im Benchmarking so noch nicht in der Holding diskutiert worden sind. Besonders erstaunlich war die Tatsache, dass im Wesentlichen nur durch zweistündige Interviews und eingeholte Referenzen ein exaktes Bild der jeweiligen Business-Persönlichkeit gezeichnet werden konnte.
>
> Richard Sattler, Geschäftsführer,
> Industrie-Beteiligungs-Gesellschaft mbH

Ein Management Appraisal ist keine Dienstleistung von der Stange. Es handelt sich nicht um ein standardisiertes Verfahren, in dessen Mittelpunkt ein Interview steht, sondern um einen sorgfältig geplanten

Prozess, der einer intensiven Vor- und Nachbereitung bedarf. Erst am Ende, bei den Feedbacks, entscheidet sich die Qualität des Management Appraisals, wenn nämlich die einbezogenen Führungskräfte ihre Beurteilungen akzeptieren. Das bedeutet nicht, dass die Evaluierung um der Harmonie willen eine positive oder gar schmeichelnde Darstellung der Stärken sein sollte. Es geht vielmehr um den erzielten Grad der Zustimmung: Sehen sich die Führungskräfte zutreffend beschrieben und erkennen sie sich sowohl in den Stärken als auch in den Verbesserungsmöglichkeiten wieder?

7.1 Kritische Erfolgsfaktoren

Es gibt eine ganze Reihe von kritischen Erfolgsfaktoren, deren Fehlen häufig Ursache für weniger gelungene Projekte ist. Notwendige Bedingungen für ein erfolgreiches Appraisal sind:

- *Die rückhaltlose Unterstützung durch Vorstand/Geschäftsführung*
  Um dem Vorhaben das erforderliche Gewicht zu geben, muss klar erkennbar sein, dass die Unternehmensleitung die Ergebnisse wünscht, diese ernst nimmt und sie in übergeordnete Überlegungen, wie etwa die Umsetzung strategischer Ziele, einfließen lässt. Fehlt die rückhaltlose Unterstützung aus der Topetage, werden auch die

Kritische Erfolgsfaktoren

> Rückhaltlose Unterstützung durch Vorstand / Geschäftsführung
> "Buy in" der einbezogenen Führungskräfte
> Rechtzeitige und klare Kommunikation
> Belastbarer Analyserahmen
> Höchste Qualität im Prozessmanagement
> Offenes Feedback
> Konstruktiver Umgang mit gewonnener Transparenz
> Qualifizierte Berater

Abbildung 7.1: Kritische Erfolgsfaktoren eines Management Appraisals

einbezogenen Führungskräfte dem Prozess nicht allzu viel Bedeutung beimessen oder ihn grundsätzlich in Frage stellen und aus unterschiedlichen Motiven boykottieren.

- *Ein »Buy-in« der einbezogenen Führungskräfte*
  Erst wenn sich die Führungskräfte vom Sinn des Prozesses – zumindest aus der Perspektive des Unternehmens – sowie von der Professionalität der Methode und der durchführenden Personen überzeugen lassen, sind die Voraussetzungen dafür geschaffen, dass das Verfahren Ziel führend ist und Mehrwert generiert. Es ist praktisch nicht möglich, ein Management Appraisal gegen die ablehnende Haltung der Führungskräfte auf breiter Front durchzuführen.
- *Die rechtzeitige und klare Kommunikation*
  Die beteiligten Manager wollen zu Recht wissen, wie das Management Appraisal durchgeführt wird, und wie sie sich darauf vorbereiten können. Dieses Informationsbedürfnis muss umfassend befriedigt werden. Methode und Vorgehen müssen offen gelegt und erklärt werden. Auch nur die geringste Spur von Geheimniskrämerei sollte sorgfältig vermieden werden. Nur so lassen sich Unsicherheiten bei allen Beteiligten abbauen.
- *Ein belastbarer Analyserahmen*
  Die heute angebotenen Kompetenzmodelle verschiedener Beratungsfirmen zu bewerten ist eher eine akademische als eine praktische Herausforderung. Entscheidend ist, dass das gewählte Kompetenzmodell nicht nur in sich stimmig ist, sondern dass es vor allem einen dem betreffenden Projekt angemessenen Rahmen liefert, der eine solide Basis für belastbare Aussagen in den jeweiligen Einzelfällen ist. Die für unterschiedlichste Führungsaufgaben nötigen Kompetenzen zu entwickeln und zu bestimmen, erfordert von den Beratern nicht nur hervorragendes fachliches Wissen, sondern auch die Fähigkeit, diese im Dialog in der spezifischen Unternehmenssituation herauszuarbeiten.
- *Höchste Qualität im Prozessmanagement*
  Die Fehlertoleranz im sensiblen Appraisal-Prozess ist sehr gering. Schon geringfügige Ungereimtheiten im Ablauf werden sofort als unprofessionell oder verantwortungslos gebrandmarkt. Viele Führungskräfte bereiten sich sorgfältig und akribisch auf den Prozess vor und erwarten zu Recht eine eben solche Behandlung seitens des Durchführenden. Sehr häufig reichen bereits Details wie etwa der Wechsel der Interviewpartner ohne Ankündigung aus, um später

das Ergebnis aufgrund derartiger Formfehler anzuzweifeln oder völlig abzulehnen.

- *Das offene Feedback*
  Schon rein rechtlich hat jede einbezogene Führungskraft einen Anspruch darauf, am Ende des Prozesses die eigene Bewertung zu erfahren. Doch das Feedback darf nicht als formale Erfüllung von Mindestanforderungen verstanden werden, wo lediglich ein Ergebnis verkündet wird. An einem konstruktiv-kritischen Feedback zeigen sich ein weiteres Mal Qualität und Qualifikation des gewählten externen Beratungsunternehmens; dann nämlich, wenn die Führungskräfte ihre Bewertung nicht bloß hinnehmen, sondern als wertvolle Richtschnur für ihre weitere Entwicklung schätzen und nutzen.
- *Ein konstruktiver Umgang mit der gewonnenen Transparenz*
  Die Akzeptanz für ein Management Appraisal reduziert sich im Nachhinein, wenn keine oder gar falsche Maßnahmen folgen. Sowohl missbräuchlicher Umgang mit den Ergebnissen als auch Untätigkeit können den gesamten Prozess sogar diskreditieren. Deshalb sollte das Unternehmen schon im Vorfeld sorgfältig planen, wie es die Erkenntnisse aus dem Appraisal nutzen will und diese Pläne im Anschluss konsequent umsetzen.
- *Qualifizierte Berater*
  Mit der Qualität der Berater steht und fällt der Erfolg und der gewünschte Mehrwert des Prozesses. Da ein Management Appraisal kein formalisiertes Interview oder ein Test ist, müssen die Berater als adäquate Gesprächspartner von den Managern akzeptiert sein. Nur in einem »Gespräch auf Augenhöhe« wird es gelingen, jene vertrauensvolle Atmosphäre zu schaffen, in der sich die Führungskräfte persönlich öffnen. Der Berater muss in der Lage sein, nicht nur die Form, sondern auch den Inhalt der Aussagen im Kontext zu bewerten. Nur wenn der Manager den Berater als kompetenten Gesprächspartner empfindet, wird er auch bereit sein, im Feedback die Ergebnisse des Appraisals als fundiert und richtig anzuerkennen.

7.2 Die sechs Schritte eines Management Appraisals

Nach vielen Projekten und umfangreichen Erfahrungen gibt es in jedem unserer Management Appraisals gewisse standardisierte Elemente. Sie sind auch nötig, um die Konsistenz des Verfahrens zu sichern und zu gewährleisten, dass Ergebnisse aus verschiedenen Appraisals überhaupt vergleichbar sind. Dennoch beginnt jedes neue Projekt damit, dass wir uns intensiv mit den Spezifika des jeweiligen Unternehmens vertraut machen und den Prozess darauf zuschneiden: In welchem Marktumfeld und in welcher Situation befindet sich die Firma? Welchen Herausforderungen sieht sie sich gegenüber? Welche qualitativen und quantitativen Erwartungen an das Appraisal hat sie? Als Externer muss sich der Berater hierzu ein klares Bild gemacht haben, um bei der Evaluierung der Führungskräfte nicht nur seine Marktexpertise einzubringen, sondern diese mit einer passenden Messlatte in den relevanten Kontext zu stellen.

Die Interviews im Rahmen des Appraisals bedürfen einer intensiven Vorbereitung und Nachbetreuung, um sicherzustellen, dass der Kontext verstanden worden ist, die Messlatte richtig gelegt und ein konstruktiv-kritischer Umgang mit den Ergebnissen gewährleistet wird. Das Appraisal auf ein kurzes Briefing, eine Reihe von Interviews und eine flotte Ergebnispräsentation zu reduzieren, genügt dem hohen An-

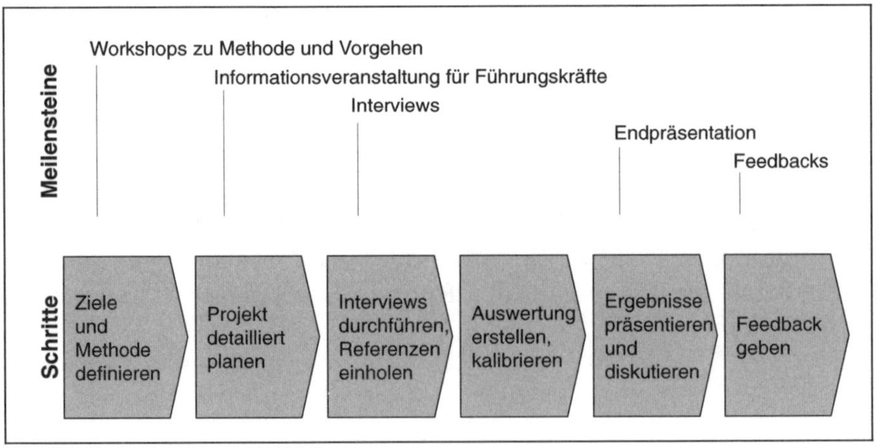

Abbildung 7.2: Die Meilensteine und Schritte eines Management Appraisals

spruch weder aus der Sicht des Unternehmens noch der einbezogenen Führungskräfte.

Ziele und Methode definieren

Jedes Management Appraisal beginnt damit, dass die Unternehmensstrategie und die relevanten Rahmenbedingungen aufgenommen werden, bevor die Ziele und die Ergebnisstruktur mit einem groben Zeitplan abgestimmt werden. Sehr häufig handelt es sich dabei nur um einen Entwurf oder ein Grobkonzept, da in diesem frühen Stadium noch viele Unklarheiten bestehen, die erst in den folgenden Schritten sukzessive geklärt werden.

Stehen die Zielrichtung und die mögliche Ergebnisstruktur im Groben fest, wird der Analyserahmen festgelegt. Dabei geht es insbesondere um die zu überprüfenden Kompetenzen und deren Indikatoren. Dieser Schritt kann innerhalb von Minuten beendet sein oder mehrere Wochen mit zahlreichen Iterationsschleifen in Anspruch nehmen. Nicht selten endet eine Diskussion binnen kurzem mit der Feststellung, dass es angesichts der Zielsetzung keinen Mehrwert bringt, das vorhandene Standardmodell anzupassen. Der Standard ist gerade dann von Vorteil, wenn es um ein Benchmarking geht. In anderen Fällen wird in langwierigen Diskussionen und Workshops ein bereits

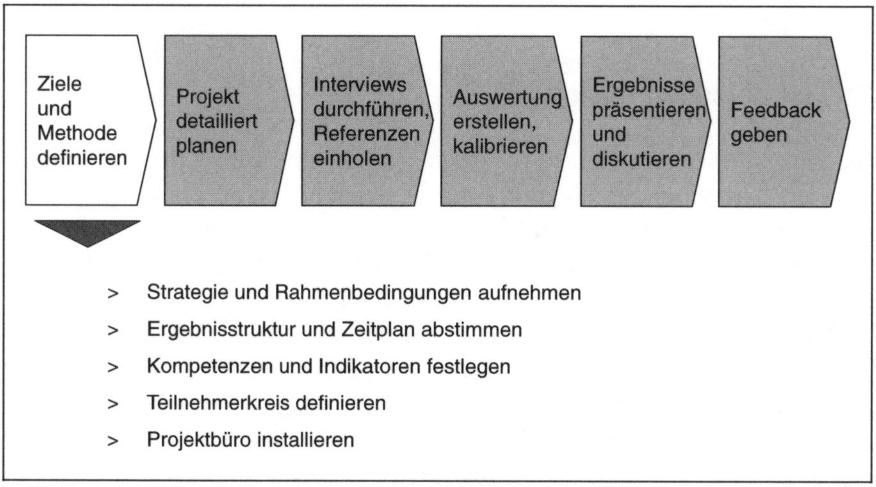

Abbildung 7.3: *1. Schritt:* Ziele und Methode definieren

im Unternehmen vorhandenes Modell aufwändig überarbeitet. Das lohnt sich vor allem dann, wenn das Appraisal auf die Ausarbeitung von Entwicklungsplänen abzielt und diese mit anderen, im Unternehmen schon eingesetzten Evaluierungs- und Entwicklungstools verknüpft werden sollen.

Festzulegen, welche Führungskräfte am Appraisal teilnehmen sollen, klingt zunächst nach Formalie. An dieser Stelle merken die Verantwortlichen oft, dass sie in Erklärungsnot geraten, wenn sie begründen müssen, warum der eine Manager zum Appraisal eingeladen werden soll, ein anderer aber nicht. Zu diesem Zeitpunkt macht es Sinn, die definierten Ziele des Projekts mit einem bestimmten Teilnehmerkreis zu verbinden und auch schon eine Kommunikationsstrategie zu entwickeln. Wann wird wer durch wen womit informiert? Ob und wann der Aufsichtsrat oder der Sprecherausschuss der leitenden Angestellten informiert werden soll, ist häufig eine Frage internen Fingerspitzengefühls.

Zu diesem Zeitpunkt sind schon viele Fäden aufgenommen worden, aber immer noch zahlreiche Fragen offen. Deshalb empfehlen wir, ein Projektbüro zu installieren, das einen sehr engen und regelmäßigen Austausch zwischen Unternehmen und Berater ermöglicht. Selbst in Unternehmen, die Management Appraisals regelmäßig durchführen, treten immer wieder Probleme auf, die schnell gelöst werden müssen. Das Projektbüro ist auch für die Detailplanung des Projektes verantwortlich und arbeitet akribisch die entsprechende Checkliste ab.

Projekt detailliert planen

In dieser Phase wird die Grundlage gelegt, um jene Klippen, wie sie bei den kritischen Erfolgsfaktoren beschrieben worden sind, zu umschiffen. Eine sorgfältige Planung beeinflusst insbesondere die notwendige Akzeptanz seitens der Teilnehmer und ist selbst der Grundstein für einen konstruktiven Verlauf des Prozesses.

Bei der Zusammenstellung des Projektteams müssen Branchen- und Funktionskompetenz der Berater so eingesetzt werden, dass diese als kompetente Gesprächspartner von den einbezogenen Führungskräften anerkannt werden. Wichtig ist, dass einige Berater das so genannte Kernteam bilden, von dessen Mitgliedern mindestens einer bei jedem Interview vertreten ist. Sie sichern die Konsistenz des Prozesses. In

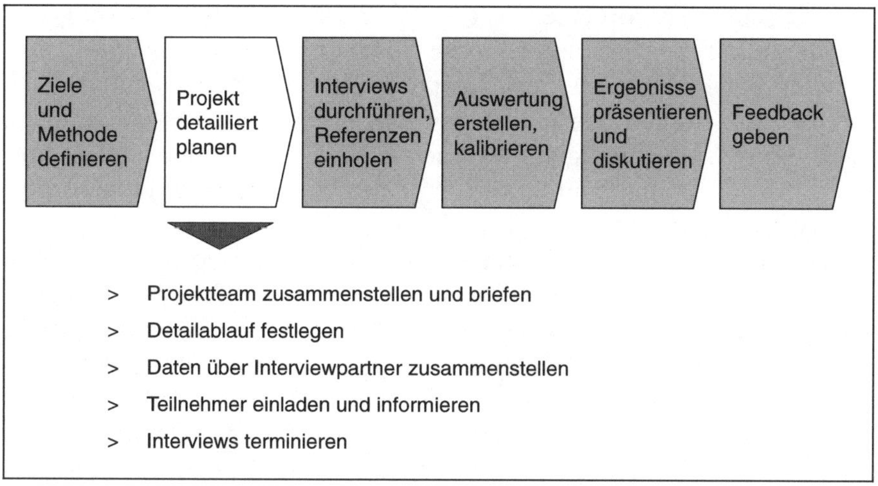

Abbildung 7.4: 2. *Schritt:* Projekt detailliert planen

größeren Management Appraisals ist die Detailplanung eine logistische Herausforderung, die nur gelöst werden kann, wenn das Projektbüro sehr eng und effizient mit den verantwortlichen Koordinatoren des Unternehmens kommuniziert.

Parallel zur Detailplanung werden die Daten über die Interviewpartner zusammengestellt. Die allfälligen Lebensläufe der Führungskräfte sollten um Positionsbeschreibungen und Anforderungsprofile ergänzt werden, sofern vorhanden. Da immer mehr Unternehmen das Instrument Balanced Score Card einsetzen, können die Berater zunehmend aus dieser Wissensquelle schöpfen, um ein gut vorbereitetes, effizientes Gespräch zu führen.

Einer der heikelsten Schritte ist es, die als Teilnehmer am Appraisal ausgewählten Führungskräfte darüber in Kenntnis zu setzen und über das Verfahren zu informieren. Grundsätzlich empfiehlt es sich, alle einbezogenen Führungskräfte zu einer »Kick-off-Veranstaltung« einzuladen, in der ausführlich der Prozess und dessen Ziele dargestellt werden. Nach unseren Erfahrungen hat es sich sehr bewährt, wenn Geschäftsführung oder Vorstand des Unternehmens zum Kick-off einladen und die Veranstaltung mit der Erläuterung der Ziele eröffnen. Damit unterstreicht die Unternehmensleitung ihr Commitment und macht deutlich, welche Erwartungen sie mit dem Appraisal verbindet. Üblich ist, dass anschließend wir als Berater die Methode erläutern und das Kernteam vorstellen. Die ein- bis zweistündige Veranstaltung wird beschlossen von einer Fragerunde an die Geschäftsführung und die Berater. Typische Fragen an die Geschäftsführung sind etwa, was mit den Ergebnissen passiert, oder wer Einsicht in sie nehmen darf. Die Berater werden häufig sehr kritisch gefragt, warum sie glauben, nach einem zweistündigen Gespräch der verantwortungsvollen Aufgabe einer differenzierten Bewertung einer Führungskraft gerecht werden zu können.

Gerade solche Fragen sind ein guter Indikator für Stimmungen und Vorbehalte im Unternehmen gegen das Appraisal. Unserer Erfahrung nach schafft an dieser Stelle nur die transparente und rückhaltlose Darstellung des Prozesses – mit allen Vorzügen und Schwachstellen – die Glaubwürdigkeit, die als Basis für ein vertrauensvolles und erfolgreiches weiteres Vorgehen unabdingbar ist. Gerade Führungskräfte, die zum ersten Mal an einem Management Appraisal teilnehmen, stehen dem Verfahren meist sehr kritisch gegenüber und brauchen die Bestätigung, dass sie hier nicht im Schnellverfahren »abgeurteilt« werden, sondern mit einer erprobten Methode faire und valide Aussagen über ihre Kompetenzen erhalten.

Viele Unternehmen beschränken sich auf eine mehr oder weniger ausführliche schriftliche Einladung, in der die Ziele und der Prozess des Management Appraisals skizziert werden. Die Form der schriftlichen Einladung ist nach unserer Ansicht vertretbar, wenn die Organisation mit dem Instrument Management Appraisal bereits vertraut ist, oder wenn klare Entscheidungssituationen wie beispielsweise in einem zeitkritischen Fusionsprozess gegeben sind.

Ist die Kick-off-Veranstaltung erfolgreich gelaufen, und hat sich die Unternehmensleitung klar zum Appraisal bekannt, ist es nicht schwer, mit den beteiligten Führungskräften Termine für die Interviews abzustimmen. Am besten setzt das Unternehmen selbst dafür einen Zeitraum fest. Mühsam kann dieser Prozessschritt werden, wenn die genannten Voraussetzungen nicht gegeben sind. Die Führungskräfte sind nur schwer verfügbar oder neigen dazu, ausgemachte Termine zu verschieben. Damit kann die gesamte Prozessplanung ins Wanken geraten. Bereits an diesem scheinbar administrativen Schritt der Terminierung der Interviews lässt sich ablesen, ob die notwendige Akzeptanz für das Management Appraisal vorhanden ist, oder ob das Projekt einen eher unsicheren Weg gehen wird.

Interviews führen und Referenzen einholen

Das etwa zweistündige Interview, das jeweils zwei Berater von Egon Zehnder International mit jeder Führungskraft führen, stellt das Kernstück des Management Appraisals dar. Vorbereitend haben wir dazu den Lebenslauf des jeweiligen Managers hinsichtlich der zu prüfenden Kompetenzen analysiert. Ziel des Gespräches ist es, ein möglichst ganzheitliches Bild der Führungskraft zu erhalten.

Im Interview wird zunächst der Werdegang kurz besprochen, damit die Entwicklung aus professioneller Sicht richtig nachvollzogen werden kann. Der Übergang zum nächsten Themenkomplex »Spezifische Herausforderungen« geschieht fließend, weil sich diese aus der Diskussion des Werdegangs ergeben. Hier werden nicht vergangene Niederlagen oder Erfolge »abgefragt«, sondern wir reden über Motive und das konkrete persönliche Verhalten des Managers. Deshalb gibt es keine richtigen oder falschen Antworten. Weiter hinterfragen wir kritisch, was der persönliche Beitrag und welches die jeweilige Rolle der Führungskraft bei den bisher erreichten Ergebnissen war.

Um wirklich Ziel- und Ergebnisrealisierung auf den Grund zu gehen und das Gespräch nicht im Allgemeinen und Oberflächlichen versanden zu lassen, führen nur Appraisal erfahrene Berater die Gespräche. Sie hinterfragen die Aussagen des Kandidaten gründlich. Manche Führungskräfte empfinden das als unangemessenes Bohren in einer wenig angenehmen Form. Andere erachten es als notwendig, weil sich die

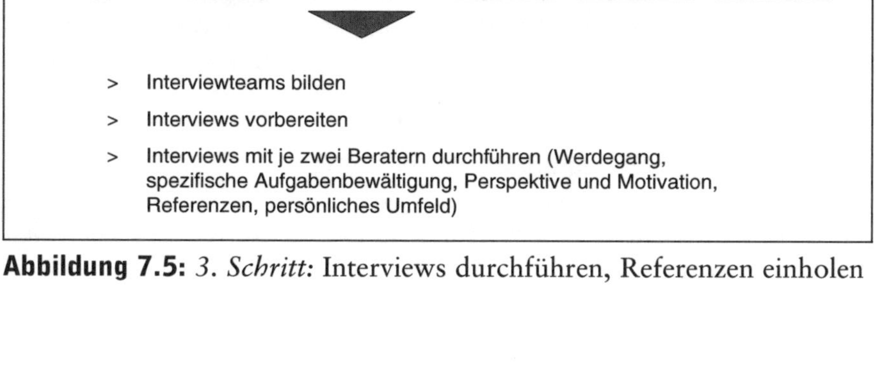

Abbildung 7.5: *3. Schritt:* Interviews durchführen, Referenzen einholen

Berater sonst kaum ein ganzheitliches und belastbares Bild machen könnten. Jene Führungskräfte, die die kritischen Nachfragen gutheißen, sind meist diejenigen, die auch sonst in den Interviews aktiv kooperieren und durch ihre Aufgeschlossenheit sicherstellen, dass die Berater ein differenziertes Bild von ihnen bekommen.

Gegen Ende der Interviews werden Referenzen zum relevanten Umfeld der Führungskraft eingeholt. Hier soll die Führungskraft nicht persönliche Neigungen oder Meinungen über Kollegen kundtun, sondern eine differenzierte und professionelle Beobachtung zu wesentlichen Schnittstellen aus seinem Umfeld geben. Viele Manager winden sich bei diesem Schritt. Gelegentlich wird er auch verweigert. Doch die Referenzen sind als Gegenprobe zur Analyse der Berater sehr wichtig. Es ist zum Beispiel nur schwer möglich, sich eine objektive Meinung zum Führungsverhalten eines Managers ausschließlich auf der Basis des Interviews zu bilden. Jede Führungskraft, die die entsprechenden Seminare besucht oder Bücher gelesen hat, wird es trefflich verstehen, ihren Führungsstil anhand von Beispielen als partizipativ und kooperativ zu beschreiben. Wir müssen deshalb hinterfragen, wie die Führungskraft in der Organisation wahrgenommen wird.

Ausdrücklich dienen die Referenzen nicht dazu, um die Meinung anderer zu verdichten und als solche wiederzugeben. Wir behandeln sie absolut vertraulich. Die Mehrheit der Führungskräfte lässt sich denn auch von Sinn und Nutzen der Referenzen überzeugen. Auch hier spielt das bereits mehrfach erwähnte Vertrauen in die Seriosität der Berater eine große Rolle.

Eine kurze Diskussion über das persönliche Umfeld rundet das Interview ab, sofern es die professionelle Aufgabenerfüllung, Mobilität und Karriereambitionen beeinflusst. Zum Schluss fragen wir stets: »Was hätten wir noch ansprechen müssen, um ein möglichst ganzheitliches Bild von Ihnen im Rahmen eines zweistündigen Gesprächs zu erhalten?« Dann kommen manchmal noch sehr erhellende Äußerungen. Führungskräfte rücken ihre zuvor gemachten Aussagen in das richtige Licht oder ergänzen diese um relevante Umfeldinformationen.

Auswertung erstellen und kalibrieren

Für den Prozessschritt »Auswertung erstellen/kalibrieren« ziehen sich die Berater zurück, um alle Ergebnisse zu erarbeiten und diese unter-

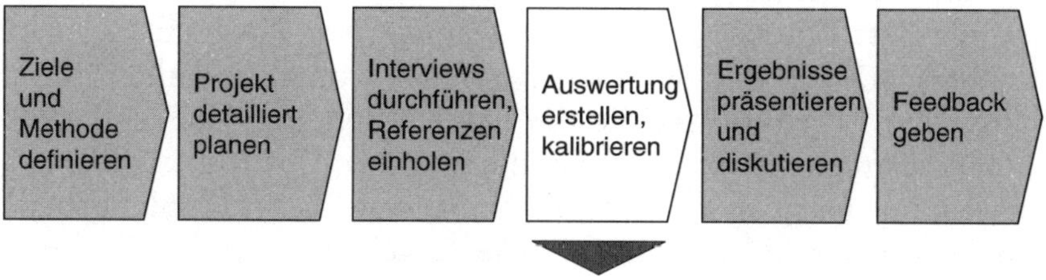

> Individualberichte erstellen
> Individualberichte mit Referenzen „verproben"
> Kalibrieren der Kompetenz- und Potenzialbewertung und des Benchmarkings
> Zusammenfassende und übergreifende Auswertungen erstellen
> Ergebnispräsentation erstellen

Abbildung 7.6: *4. Schritt:* Auswertung erstellen, kalibrieren

einander zu kalibrieren. In diesem Schritt wird sichergestellt, dass alle Rahmenbedingungen insofern berücksichtigt wurden, als klare und relevante Messlatten für jede evaluierte Führungskraft festgelegt wurden. Es wird außerdem überprüft, ob die verschiedenen Beraterteams einheitliche Definitionen verwendet haben.

Unmittelbar nach jedem Interview erstellt das Beraterteam einen provisorischen Individualbericht. Sind alle Interviews geführt, die Referenzen eingeholt und zugeordnet, überarbeitet das Team die provisorische Fassung und stellt eine Endversion dar, die alle Mosaikstückchen des bisherigen Prozesses, wie Aufgaben- und Anforderungsprofile, Referenzen und sonstige Querverweise zur strategischen Ausrichtung, berücksichtigt.

Wenn alle Individualberichte in Endfassung vorliegen, erfolgt die abschließende Kalibrierung. In manchmal mehrtägigen Sitzungen muss jeder einzelne Bericht wie später beim Klienten vor dem Kernteam präsentiert werden. Dabei wird er kritisch überprüft und auf Konsistenz in sich und im Vergleich zu den anderen Berichten untersucht. So stellen wir sicher, dass alle Analysen und Auswertungen den gleichen hohen Qualitätsanforderungen genügen und Quervergleichen standhalten.

Die Erkenntnisse aus der Kalibrierung sind eine hervorragende Basis für übergreifende Auswertungen. Die Aggregation der Einzelberichte und insbesondere das Benchmarking zum Industriedurchschnitt oder zur Best Practice zeigen sehr deutlich, wo die Führungsmannschaft ihre Stärken und Schwächen hat. Manchmal sind allerdings die qualitativen Erkenntnisse, die die Führungsorganisation und Unternehmensstrategie betreffen, noch interessanter. Das Management Appraisal kann beispielsweise deutlich machen, dass Handlungsbedarf weniger auf der individuellen Ebene besteht als auf der Ebene der Zusammenarbeit und Interaktion.

Ergebnisse präsentieren und diskutieren

Die Individualberichte, alle Aggregationen und übergreifenden Auswertungen werden in einer Präsentationsvorlage für den Auftraggeber dokumentiert. Wir beschreiben die Ergebnisse der Appraisals dabei nicht mit den in Zeugnissen sonst üblichen verklausulierten Formulierungen, sondern nennen die Dinge beim Namen. Bei der Präsentation der Ergebnisse vor der Geschäftsführung und den Vorgesetzten empfinden einige diese als zu zugespitzt. Das führt häufig zu intensiven und kontroversen Diskussionen; gerade bei den kritischen Fällen bezüglich des Benchmarking und der Aufgabenerfüllung. Dabei werden meist die Ergebnisse selbst nicht in Frage gestellt, sondern es geht vielmehr um die Frage, wie man mit dieser Erkenntnis umgehen will, und welche Schritte folgen sollen.

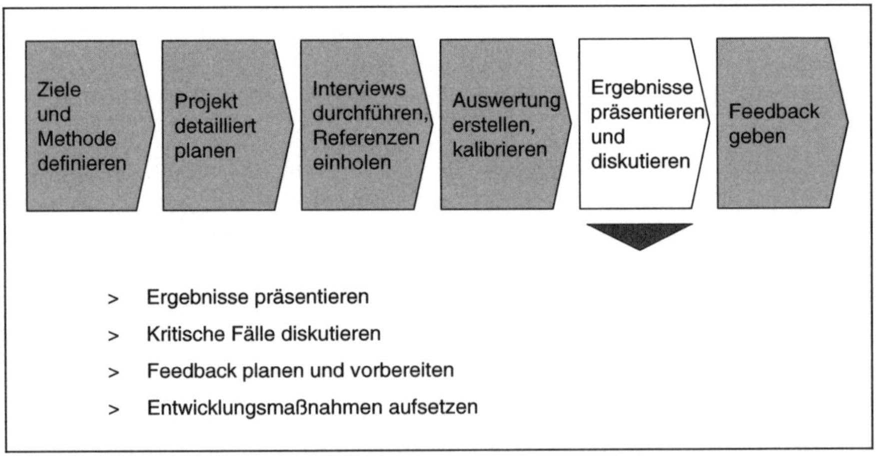

Abbildung 7.7: *5. Schritt:* Ergebnisse präsentieren und diskutieren

Die Betrachtung des Gesamtportfolios an Kompetenzen und Potenzialen muss sorgfältig von der Diskussion der kritischen Fälle getrennt werden. Das Portfolio sollte in der Führungskräfteentwicklung als Grundlage eines Talent Managements berücksichtigt werden. Dagegen müssen die Einzelfälle auch jeweils individuell behandelt werden. Häufig wird bereits in der ersten Ergebnispräsentation oder in einem Workshop kurz danach entschieden, wie die einzelnen Feedback-Gespräche vorzubereiten, durchzuführen und nachzubetreuen sind.

Feedback geben

Der letzte Schritt des Appraisals ist das Feedback an jede einbezogene Führungskraft. Es hat immer das Ziel, der Führungskraft nicht nur das Ist-Bild ihrer Kompetenzen vor Augen zu führen, sondern darüber hinaus Entwicklungsmöglichkeiten aufzuzeigen.

In dieser manchmal unangenehmen »Stunde der Wahrheit« dennoch Zustimmung zu erzielen, ist ein wesentliches Qualitätskriterium für den gesamten Prozess. Wir wollen an dieser Stelle keine Nettigkeiten austauschen, aber es soll sich auch niemand persönlich angegriffen und demontiert fühlen. Es ist immer ein schwieriger Balanceakt, einen selbstbewussten und leistungsorientierten Manager mit seinen Defiziten zu konfrontieren. Entscheidend ist, dass er sich den Erkenntnissen des Appraisals nicht völlig verschließt und abschwenkt in Diskussionen darüber, ob das Feedback gut oder schlecht, zutreffend oder abwegig sei. Sie führen in die falsche Richtung. Wichtig ist dagegen der Hinweis, dass das von den Beratern identifizierte Ist-Profil der individuellen Kompetenzen keine Endstation, sondern ein Ausgangspunkt ist; ein Ausgangspunkt für die individuelle Weiterentwicklung. Wenn der Manager bereit ist, diesen Blickwinkel einzunehmen, ist viel erreicht; auch wenn er sich nicht in allen Punkten zutreffend bewertet fühlt.

Wir absolvieren die Feedback-Gespräche nach zwei unterschiedlichen Mustern, nachdem die Ergebnisse zuvor mit der Geschäftsführung oder dem jeweiligen Vorgesetzten abgestimmt worden sind. Traditionell sind neben der jeweiligen Führungskraft ein Berater und der Vorgesetzte des Managers anwesend. Da in Deutschland nach wie vor Rückmeldungen weit weniger üblich sind als beispielsweise in der angelsächsischen Kultur, haben viele Führungskräfte keine Übung darin und nutzen den neutralen Berater gern als Feedback erfahrenen Profi.

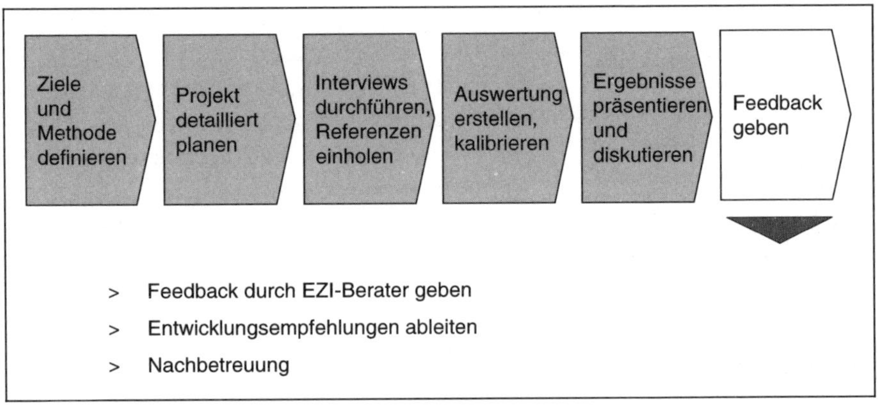

Abbildung 7.8: *6. Schritt:* Feedback geben

Ein Nachteil bei dieser Variante ist jedoch, dass sich die Führungskraft bei nicht so hoher Bewertung sehr häufig angegriffen fühlt, sich in Anwesenheit des Vorgesetzten verteidigt und die Argumente des Beraters widerlegen möchte, statt darauf einzugehen.

Mit dem steigenden Anteil der Management Appraisals, die einen primären Entwicklungsfokus haben, ist in den vergangenen Jahren die Bedeutung des Vier-Augen-Feedbacks zwischen Berater und Führungskraft deutlich gestiegen. In dieser Konstellation gelingt es fast immer, dass sich die Führungskraft tatsächlich mit den Beobachtungen und Schlussfolgerungen des Beraters auseinandersetzt.

Das Feedback markiert zwar das Ende des Management Appraisals. Aber mit dem Anspruch, nicht nur ein Ist-Bild zu zeichnen, sondern Ansätze für Entwicklungsmaßnahmen auf individueller Ebene aufzuzeigen, ist bereits angedeutet, dass es Ausgangspunkt für Maßnahmen im Rahmen eines Talent-Management-Programms sein sollte, um sowohl einzelne Führungskräfte zu fordern und zu fördern, als auch übergreifende Maßnahmen zur Optimierung der Führungsorganisation zu entwickeln und zu starten.

8. Fallbeispiele

Von den vielen Appraisals, die wir für zahlreiche Klienten aus den unterschiedlichsten Branchen in den letzten Jahren durchgeführt haben, haben wir 14 als praktische Beispiele ausgewählt, die wir auf den folgenden Seiten ausführlich darstellen wollen. Jeder dieser Fälle ist charakteristisch für Situationen, denen sich heute viele Unternehmen gegenüber sehen – der Kauf einer anderen Firma, die Suche nach geeigneten Nachfolgern in der Unternehmensleitung oder ein Wechsel der Strategie. Oft waren es mehrere Aspekte, die in einem Appraisal gleichzeitig zu berücksichtigen waren. Fast immer spielte Benchmarking eine zentrale Rolle. Häufig haben Firmen das Appraisal auch in zeitlich getrennten Projekten mit jeweils unterschiedlicher Zielrichtung eingesetzt; ein Beleg für die Vielseitigkeit des Instruments. Neben der jeweiligen Situation und den Rahmenbedingungen, unter denen das Projekt durchgeführt wurde, stehen dessen Nutzen oder Konsequenzen im Mittelpunkt. Alle Projekte, die im Folgenden beschrieben werden, sind heute abgeschlossen. So können wir auch berichten, ob sich die Erwartungen erfüllt haben, und wie die Ergebnisse in der Organisation aufgenommen und umgesetzt worden sind.

	Merger & Acquisition	Post Merger Integration	Benchmarking	Restrukturierung	Nachfolgeplanung	Entwicklungsplanung	Strategiewechsel
ABB Ltd.			x	x			x
Axa Group		x	x			x	
Bayer CropScience	x	x	x				
BVG Berliner Verkehrsbetriebe			x	x	x	x	
Deka Investment GmbH				x			
Deutsche Post World Net	x	x	x	x			
DFS Deutsche Flugsicherung				x	x	x	
Dresdner Bank				x			
Hella KgaA Hueck & Co.			x		x		
Lekkerland-Tobaccoland GmbH & Co. KG			x			x	
mg technologies			x	x			x
Siemens	x	x	x	x			
Trumpf Gruppe			x				
Vattenfall Europe AG	x	x	x		x	x	

8.1 ABB Ltd.: In der Krise auf die Menschen setzen

Von Gary G. Steel und Philippe Hertig

Geschafft: ABB, weltweit führend in der Energie- und Automatisierungstechnik, hat die wohl bedrohlichste Existenzkrise in seiner Unternehmensgeschichte erfolgreich bewältigt. Die Rettung aus argen Liquiditätsnöten und erdrückender Verschuldung hat der Konzern in erster Linie seinem im September 2002 eingesetzten CEO und Aufsichtsratsvorsitzenden Dr. Jürgen Dormann und dessen Managementteam zu verdanken. Das Ergebnis von anderthalb Jahren harter und nachhaltiger Arbeit kann sich sehen lassen: Der ABB-Konzern, der 2003 einen Umsatz von 18,8 Milliarden US$ erzielte und gegenwärtig rund 120 000 Mitarbeiter in über 100 Ländern beschäftigt, startet wieder durch.

Rückblende, Herbst 2002: Die ABB-Gruppe rutscht in eine bedrohliche Ertrags- und Liquiditätskrise. In den ersten neun Monaten 2002 weist der Konzern einen Verlust von 82 Millionen US$ nach einem Gewinn von 289 Millionen US$ in der entsprechenden Vorjahresperi-

ABB	ABB Ltd.
Projektfokus	Beurteilung und Benchmarking der obersten Führungskräfte im Rahmen einer Krisensituation Einführung eines umfassenden Talent Management Konzepts
Projektumfang	55 Führungskräfte der 1. und 2. Ebene (Geschäftsleitung, Länderverantwortliche, Business Area Manager und Gruppenfunktionen) Weitere zirka 500 Führungskräfte der 3. und 4. Ebene
Projektablauf	1. und 2. Ebene innerhalb von drei Monaten. 3. und 4. Ebene innerhalb von zwei Jahren, im Rahmen eines Know-how-Transfers

Abbildung 8.1: ABB Ltd.

ode aus. Für das gesamte Jahr beläuft sich der Fehlbetrag schließlich auf die Rekordhöhe von 767 Millionen US$; über die Hälfte davon aus Rückstellungen für anhängige Asbest-Klagen in den USA. Zudem belasten skandalöse Pensionszahlungen in dreistelliger Millionenhöhe an die früheren ABB-Chefs Barnevik und Lindahl sowie Betrugsverfahren gegen einzelne Manager das ohnehin angeschlagene Image des Unternehmens. Der Aktienkurs bricht um über 90 Prozent ein. Viele Analysten geben ABB nur noch geringe Überlebenschancen.

Doch Dormann und sein Team leiten unverdrossen die größte Rettungsaktion der Schweizer Wirtschaftsgeschichte ein. In Rekordtempo reduzieren sie das Geschäft auf Kernbereiche, sichern durch geschickte Verhandlungen mit den Gläubigerbanken die Liquidität, bauen durch Verkäufe die Verschuldung ab und erhöhen die Eigenkapitalquote. Von ursprünglich sechs unabhängigen Divisionen bleiben die beiden Divisionen Automatisierungstechnik und Energietechnik übrig, der Konzernvorstand schrumpft von zwölf auf fünf Mitglieder.

Neben diesen Restrukturierungsmaßnahmen erfolgt auch eine grundlegende Veränderung der strategischen Ausrichtung. Zudem wurde eine externe Führungspersönlichkeit rekrutiert, die sich auf Vorstandsebene mit Personalfragen befasst; ein Novum bei der ABB, das Human Resources Management war zuvor nicht auf diesem Level positioniert. Schließlich wurde unter der Führung dieses neuen Personalvorstandes das »Step Change«-Programm eingeführt, das neben Kosteneinsparungen von rund 800 Millionen US$ einen fundamentalen Wandel der alten ABB-Kultur beinhaltet. Doch den können nur die Menschen vollziehen, die das Unternehmen ausmachen: die Mitarbeiter und vor allem die Führungskräfte.

Folgende Fragen stellten sich im Zusammenhang mit dem grundlegenden Richtungswechsel, den die Organisation vollziehen sollte: War das Management in der Lage, die geplanten Herausforderungen und Veränderungen zu bewältigen? Konnten die Restrukturierungsmaßnahmen und die neue Strategie mit der vorhandenen Mannschaft umgesetzt werden? Wie stellte sich das Kompetenzprofil der Manager generell und im Einzelfall dar? Wo bestand unmittelbarer personalpolitischer Handlungsbedarf? In diesem Kontext entschied sich die Unternehmensführung zu einem externen Management Appraisal für die obersten 50 Führungskräfte inklusive Geschäftsleitung der ABB. Ziel dieser neutralen, systematischen und einheitlichen Beurteilung der Führungskräfte war es, eine entscheidungs- und zukunftsorientierte

Management-Bilanz zu erstellen. Hierbei stand die Optimierung des Einsatzes der bewerteten Führungskräfte sowie deren Entwicklung im Vordergrund. Schließlich sollte das Management Appraisal eine Entscheidungshilfe sein bei der konkreten Definition von Maßnahmen, betreffend die Unternehmensführung, -kultur und -strategie.

Die Resultate der Evaluierung überraschten positiv. Trotz der desolaten Unternehmenssituation zeigten die beurteilten Führungskräfte hohen Teamgeist und identifizierten sich eindeutig mit der neuen ABB-Strategie und -Struktur. Der Motivationslevel war höher als vermutet und die Akzeptanz der neuen Führungscrew beachtlich. Bei den Kernkompetenzen profilierten sich die »Top 50« der ABB Manager durch hohe Zielorientierung, ausgeprägtes Durchsetzungsvermögen sowie die eindeutige Bereitschaft zu Veränderungen. Das waren ideale Voraussetzungen, um den laufenden Turnaround und die geplanten Restrukturierungsmaßnahmen zu unterstützen.

Die mit der Unternehmenssituation einhergehende kurzfristige Ausrichtung aller Aktivitäten ging jedoch zu Lasten des strategisch-innovativen Denkens der Führungskräfte und deren Mitarbeiterorientierung. Diese Kompetenzen sollen nun im Hinblick auf die langfristige Unternehmenssicherung der ABB gezielt weiterentwickelt werden. Nahezu idealtypisch und ausgewogen präsentierte sich das Führungsportfolio, das einem externen Benchmarking ohne weiteres standhielt.

Im Human Resources Management wurden allerdings verschiedene Bereiche identifiziert, die zukünftig systematisch und gezielt ausgebaut werden müssen. Hierzu gehört zum Beispiel die strategiekonforme Personalentwicklung, die gruppenweite Nachfolgeplanung sowie das professionelle Talent Management. Neben den schon eingeleiteten konkreten Maßnahmen im Bereich Personaleinsatz und -entwicklung drückten die Teilnehmer des Management Appraisals hohe Erwartungen aus, was die Ausdehnung dieses Prozesses auf die nächsten Hierarchiestufen anbetraf.

In enger Zusammenarbeit zwischen dem ABB Human Resources Management und Egon Zehnder International wurde in der Folge ein Konzept für ein konzernweites Talent Management auf den Weg gebracht. In Workshops wurde in einer ersten Phase ein neues »ABB Leadership Competency Model« entwickelt, das für alle ABB-Führungskräfte gilt. Damit sollen nun in den nächsten zwei Jahren weitere 500 ABB-Manager beurteilt und entsprechend gefördert werden. Die Berater von Egon Zehnder International werden ABB in diesem Rahmen ihre Erfahrungen in der kompetenzbasierten Potenzialanalyse zugänglich machen und die geplanten Interviews in »Mixed Teams« durchführen: Jeweils ein Berater und ein HR-Manager von ABB, der zuvor intensiv in Interviewtechnik geschult worden ist, führen die Gespräche mit den Führungskräften. Mit ihrer Zertifizierung als »Competency Champions« erhalten die ABB-HR-Manager die Berechtigung, Interviews künftig selbstständig zu führen und ihr Wissen an andere HR-Manager weiter zu geben. Diese ausgebildeten Personalfachleute können dann die weiteren 5 000 ABB-Manager unter Anwendung der gleichen Methodik weltweit beurteilen und vergleichen.

Neben dem geplanten Management Appraisal der dritten und vierten Führungsstufe beinhaltet das Talent Management die Identifikation, Beurteilung und Förderung der Nachwuchsführungskräfte. Dieses Konzept formt die Basis für eine systematische und gruppenweite Nachfolgeplanung sowie für ein effektives und effizientes Management des Talent-Pools. Schließlich wird das neu entwickelte »ABB Leadership Competency Model« neben der erwähnten Personalbeurteilung, -entwicklung und -nachfolgeplanung auch für die Personalbedarfsplanung und -rekrutierung eingesetzt. Mit den entsprechenden Prozessen und Instrumenten verfügt ABB somit über eines der modernsten und zukunftsweisendsten Human Resources Managements im Industriebereich.

Die spektakuläre Rettung des ABB-Konzerns ist somit nicht zuletzt darauf zurückzuführen, dass eine umsichtige und vorausschauende Unternehmensleitung auch in einer Krisensituation dem Aspekt des Human Resources Managements zentrale Beachtung geschenkt hat. ABB verfügt heute nicht nur über innovative Produkte und eine solide Marktpräsenz, sondern zugleich über eine starke personelle Basis.

8.2 Axa Group: Führungskräfte im Benchmarking

Von Manfred Engelking, Stefan Reckhenrich und Ulf Püschel

Vor vier Jahren trat der Vorstand der Kölner Axa-Versicherungsgruppe mit einem heiklen Plan vor seine versammelten 150 ranghöchsten Führungskräfte: Jeder Einzelne von ihnen – so teilte er ihnen mit – solle sich in den kommenden Monaten durch externe Berater darauf überprüfen lassen, inwieweit er den für seine Funktion geltenden Anforderungen entspreche.

Diese Ankündigung war für viele Axa-Manager ein Schock. Eine Überprüfung der gesamten ersten Führungsebene? Dazu noch durch Externe? Hatten sie nicht bisher einen guten Job gemacht? Waren sie nicht gerade erst für ihre Leistung gelobt und anerkannt worden? Viele von ihnen waren nach dem Zusammenschluss der Versicherungen Colonia und Nordstern doch erst kürzlich ausgewählt worden, um in der zusammengeführten Organisation die entsprechenden Positionen zu bekleiden.

AXA	AXA Group
Projektfokus	Analyse von Führungskompetenzen und Potenzial
Projektumfang	150 Führungskräfte der ersten und zweiten Ebene
Projektablauf	Pilotprojekt in der AXA-Krankenversicherung und nachfolgend Appraisals in den Lebens- und Sachversicherungsgesellschaften

Abbildung 8.2: AXA Group

Mittlerweile ist das Projekt abgeschlossen und die Skeptiker von einst sind längst verstummt: Das Management Appraisal wurde zu einem Eckpfeiler in der Personalpolitik. Der sorgfältig durchgeführte Prozess und die erarbeiteten Ergebnisse haben breite Akzeptanz gefunden. Das Instrument, das mit externer Hilfe eingeführt wurde, wird heute mit internen Ressourcen angewandt.

Mit dem Management Appraisal sollte der Vorstand unterstützt werden, Schlüsselpositionen im Unternehmen mit dem jeweils besten Manager zu besetzen. Im Idealfall sollten das Anforderungsprofil und die Qualifikation des jeweiligen Stelleninhabers deckungsgleich sein. In der Praxis gelingt das häufig nicht. Handlungsbedarf besteht dabei nicht nur dort, wo Führungskräfte ihren Aufgaben nicht oder nicht ausreichend gewachsen sind, sondern ebenso bei Managern, die auf ihren Positionen »versauern«, weil sie unter ihren Möglichkeiten eingesetzt sind oder keine attraktiven Entwicklungspfade erkennen können. Solche unerkannten High Potentials könnten irgendwann dem Unternehmen den Rücken kehren, um ihre Karriere in anderen Firmen fortzusetzen, in denen sie sich besser entfalten können.

Bei Axa sollte das Management Appraisal nicht nur ein möglichst objektives Bild über Stärken und Schwächen in der Führungsmannschaft bringen. Der Konzern wollte auch erfahren, wie gut seine Führungskräfte im Vergleich zu denen in anderen Unternehmen der Branche und in Firmen außerhalb der Assekuranz dastehen. Herkömmliche Assessment Center sind zur Bewertung des Managements anhand Branchen übergreifender Benchmarks ungeeignet. Sie können zwar die individuelle Qualifikation von Bewerbern feststellen, nicht aber ermitteln, ob bestimmte Funktionen im externen Vergleich optimal besetzt sind oder nicht.

Talente und falsche Besetzungen identifizieren

Skeptiker wenden häufig ein, dass externe Berater in der Regel nur ohnehin längst bekannte interne Werturteile bestätigen. Auch im Axa-Konzern deckte sich in den meisten Fällen die externe Bewertung mit der Einschätzung der Vorgesetzten oder der Personalabteilung. Interessant waren aber jene Ergebnisse, bei denen die evaluierten Führungskräfte entweder signifikant besser oder schlechter abschnitten als bei der internen Einschätzung. Häufig erfuhren die betroffenen

Manager im Feedback-Gespräch mit dem externen Berater und in Anwesenheit ihres Vorgesetzten zum ersten Mal aus neutraler Sicht, wo mögliche Defizite und Verbesserungspotenziale in ihren persönlichen Qualifikationen identifiziert wurden. Diese konnten im Anschluss mit entsprechenden Maßnahmen gezielt angegangen werden.

Die Personalleiter und der jeweils zuständige Ressortvorstand sprachen mit jedem der 150 bewerteten Manager über seine berufliche Zukunft und die speziellen Entwicklungsschritte, die notwendig waren, um die individuellen Ziele zu erreichen und die gestellten Anforderungen zu erfüllen. Diese Phase der Nacharbeit dauerte zwei Jahre. Besonders sensibel waren jene Fälle, bei denen die schwächeren Leistungsträger von ihrer bisherigen Aufgabe entbunden und mit geeigneteren Aktivitäten betraut werden mussten. Das gelang nicht immer. Eine Reihe dieser Manager verließ das Unternehmen. Für die identifizierten High Potentials wurden herausfordernde neue Aufgaben gefunden oder Perspektiven aufgezeigt, die sie mittel- und langfristig an das Unternehmen binden sollten.

Klares Commitment des Vorstandes

Sich zu einem Management Appraisal zu entschließen, ist für viele Unternehmensvorstände nicht einfach. Bedarf es dazu doch der Erkenntnis und des Eingeständnisses, dass sie die Stützen ihrer Ressorts nicht immer richtig einschätzen können. Wer sonst, so ein Argument gegen das Appraisal, sollte die Stärken und Schwächen der Führungskräfte besser erkennen können als jene, die sie in der täglichen Arbeit erleben? Nun gut: Dass unter vielen qualifizierten Managern auch ein paar »Underperformer« sind und man nicht jeden High Potential halten kann, wird billigend in Kauf genommen. Mancher mag auch insgeheim um die personalpolitische Souveränität in seinem Ressort fürchten, in die er sich ungern hineinfunken lässt; schon gar nicht von externen Beratern. Eine Erfolgsbedingung des Appraisals bei Axa war also, dass der Vorstand geschlossen hinter der Aktion stand.

Je umfassender und schneller sich ein Unternehmen verändert, desto wichtiger ist es, über die richtige Besetzung von Schlüsselfunktionen nachzudenken. Bei der Gruppe Colonia-Nordstern ergaben sich allein durch die Integration in den französischen Axa-Konzern eine Vielzahl neuartiger Schnittstellenprobleme und völlig veränderte Anforderungen an einzelne Positionen. Diese verlangten von den Funktionsinhabern teilweise deutlich andere Kompetenzen. Angesichts dieser neuen Bedingungen machte der damalige Vorstandsvorsitzende der Axa Konzern AG die Idee einer Evaluierung des Managements zu seiner persönlichen Angelegenheit.

Viel Überzeugungsarbeit im Vorfeld

Als hilfreiche, wenn nicht gar weitere notwendige Voraussetzung für den Erfolg des Appraisals bei Axa erwies sich die aktive Begleitung des Projektes durch die eigene Personalführung. Auf ihren Wunsch ist das Kompetenzmodell in einigen Facetten stärker akzentuiert und auf Axa angepasst worden. Über die gesamte Phase der Realisierung blieb das Personalressort in enger Abstimmung mit den Vorständen die steuernde Kraft des Appraisals. Die HR-Verantwortlichen stellten sicher, dass alle einbezogenen Führungskräfte den Prozess als professionell geführt und methodisch fundiert akzeptierten. Diese Überzeugungsarbeit war wichtig, da viele Manager erst kurz zuvor bei der Fusion von Colonia und Nordstern für ihre Positionen ausgewählt worden waren und sich nun erneut mit einer Evaluierung konfrontiert sahen. Es bedurfte intensiver interner Kommunikation, um das erarbeitete Konzept darzustellen und dafür zu werben.

So wurde nicht nur der Sprecherausschuss der leitenden Angestellten über Ablauf und Ziele des Appraisals unterrichtet und alle 150 Probanden schriftlich informiert. Zusammen mit dem Projektleiter aus dem Personalressort und dem Beraterteam von Egon Zehnder International stellte sich der Vorstand den Fragen der Betroffenen. Offenheit und ausführliche Antworten halfen, Skepsis und Widerstände weitgehend zu überwinden. Sehr günstig wirkte sich aus, dass alle Bereiche der Gruppe und nicht nur wenige ausgewählte Geschäftsfelder in den Prozess einbezogen waren.

Wichtig für den Erfolg und die Maßhaltigkeit eines Appraisals ist, dass der externe Partner die Ziele und Strategie des Unternehmens versteht und ein Gespür für die Besonderheiten der jeweiligen Firmenkultur entwickelt. Immerhin treffen die Berater bei ihren Interviews auf hoch qualifizierte Manager, die in den meisten Fällen aus gutem Grund auf ihre Position gelangt sind und sich große Verdienste um ihr Unternehmen erworben haben. Über die Kompetenz hinaus prägt deshalb der Stil der Berater ganz entscheidend den Grad der Akzeptanz des Management Appraisals im Unternehmen. Wenn sich nach den ersten Interviews im Unternehmen herumspricht, dass die Gespräche sachbezogen und in menschlich angenehmer Form geführt werden, kommen die nächsten Führungskräfte gleich spürbar unverkrampfter zu den Interviews. Sie lassen sich konstruktiv auf den Prozess ein und vertrauen auf eine professionelle Durchführung, die zu einem sinnvollen und fairen Ergebnis kommt.

Regelmäßige Evaluierung der Führungskräfte

Die Führungskräfte werden das Management Appraisal vor allem dann akzeptieren, wenn es vom Unternehmen als dauerhafter Bestandteil in die Personalpolitik integriert wird. Der Axa-Konzern hat sich im Nachgang gleichermaßen um alle Führungskräfte gekümmert; unabhängig davon, ob es sich um Leistungsträger oder um Manager handelte, deren Kompetenzprofil nicht zu ihrer derzeitigen Aufgabe passte.

Angelehnt an den extern konzipierten Vorläufer hat Axa ein eigenes Management Appraisal als Dauerinstitution eingeführt. In einem Vorstandsmeeting werden einmal pro Jahr die von jedem Mitglied als »diskussionsbedürftig« angesprochenen Funktionen auf etwaigen Handlungsbedarf hin überprüft. Bei dieser vom Personalressort moderierten Diskussion geht es darum, unter den Teilnehmern Einschätzungen der Funktionsträger im Top-Management auszutauschen, zu Tage tretende Schwachstellen zu erörtern und für deren Beseitigung Lösungen zu finden. Für die Gruppe der überdurchschnittlichen Leistungsträger gilt es, ihnen durch gezielte Ressort übergreifende Entwicklungsschritte konkrete Karriereperspektiven zu eröffnen.

Das Verfahren hatte sich so bewährt, dass die Führungscrew der Albingia Versicherung bei deren Übernahme ebenfalls nach diesen Maßgaben bewertet wurde. Die Ergebnisse bestätigten die Erfahrungen aus dem ersten Durchgang: Mit dem Management Appraisal steht dem Unternehmen ein Instrument zur Verfügung, mit dem es das Potenzial seiner Führungskräfte systematisch erfassen kann, um es gezielt zu fördern. Es schafft die Möglichkeit, frühzeitig personelle Weichen zu stellen, um auf Marktveränderungen, technische Innovation oder auf neue wirtschaftliche Rahmenbedingungen zu reagieren.

8.3 Bayer CropScience: Mit vereinten Kräften

Von Jochen Wulff und Johannes v. Schmettow

Als Anfang der 90er Jahre die Gesundheitskonzerne weltweit begannen, das Gesicht ihrer Branche durch immer neue Großfusionen vollkommen zu verändern, gestaltete sich auch die Pflanzenschutz-Branche grundlegend um. Zum Beispiel entstand aus den Pflanzenschutzsparten von Zeneca und Novartis der neue Marktführer Syngenta. Auch die anderen Marktteilnehmer versuchten intensiv, sich über das rein organische Wachstum hinaus deutlich zu verstärken.

Das Unternehmen Bayer AG mit Hauptsitz in Leverkusen gehörte mit seinem »Geschäftsbereich Pflanzenschutz« stets zu den größeren Playern im Markt; im Jahre 2001 war »Bayer Crop Protection« das siebtgrößte Pflanzenschutzunternehmen der Welt.

Im Sommer 2001 wurde die bevorstehende Akquisition von Aventis CropScience durch die Bayer AG bekannt. Aventis CropScience, damals der viertgrößte Marktteilnehmer, war kurz zuvor aus der Fusion der Pflanzenschutzsparte von Rhône-Poulenc mit der AgrEvo entstan-

BAYER Bayer CropScience	BayerCropScience
Projektfokus	Analyse der Managementkompetenzen im Rahmen einer Fusion Benchmarking von Nachwuchsführungskräften
Projektumfang	Rund 450 Manager der ersten vier Führungsebenen
Projektablauf	Kaskadierendes Vorgehen auf globaler Basis innerhalb von sechs Monaten

Abbildung 8.3: BayerCropScience

den. AgrEvo wiederum war eine gemeinsame Tochtergesellschaft von Hoechst und Schering und hatte in dieser Form nur wenige Jahre existiert. Entstehen sollte nun ein CropScience-Konzern mit über sechs Milliarden € Umsatz und 22 000 Mitarbeitern.

Während sich diese neue Bayer CropScience formierte, fand parallel die größte Reorganisation in der Geschichte der Bayer-Gruppe statt. Die ursprünglich eng mit der Konzernzentrale verwobenen Geschäftsbereiche der Bayer AG wurden in drei rechtlich selbstständige Teilkonzerne ausgegliedert: Bayer HealthCare, Bayer CropScience und Bayer MaterialScience. Damit einher ging die Restrukturierung vieler Zentralbereiche in eine neu entstandene »Bayer Business Services« sowie die Veräußerung weiter Teile des klassischen Chemiegeschäfts.

Somit war also die Ausgangslage geprägt durch:

- die Übernahme der größeren Aventis CropScience durch die kleinere Bayer Crop Protection,
- den Merger der gewachsenen Bayer-Kultur mit einem »Melting Pot« aus vielen unterschiedlichen Unternehmenskulturen und -stilen – unter anderem Hoechst, Schering, Roussel Uclaf und Rhône-Poulenc – und
- zeitgleich die Herauslösung des neu formierten Unternehmens aus der Bayer AG.

Solche gravierenden Veränderungen erzeugen oft große Unsicherheit bei den Mitarbeitern. Zudem riskiert das Unternehmen Markteinbußen durch die intensive Beschäftigung mit sich selbst.

1. Das Ziel und die Herausforderungen

Bei der Besetzung der Managementpositionen nach einer Übernahme gibt es typische Bedenken bei den betroffenen Mitarbeitern auf beiden Seiten:

Die übernommene Einheit fürchtet eine »Siegermentalität«. In der Tat gibt es im Life-Sciences-Bereich Beispiele für Unternehmen, die »keine Gefangenen machen«: In diesen Fällen werden mit einer Akquisition de facto nur Produktlinien erworben und die Chance zur Managementergänzung nur als untergeordneter Faktor gesehen. Die Manager der übernehmenden Einheit wiederum fürchten »Proporzdenken« ohne Rücksichtnahme auf wirkliche Kompetenzen.

Die Akquisition von Aventis CropScience war dagegen als ganzheitlicher strategischer Schritt angesetzt worden: Zum einen sollten in den strategischen Geschäftseinheiten – insbesondere Insektizide, Fungizide, Herbizide, Saatgutbehandlung – jeweils marktführende Stellungen in möglichst allen Regionen erreicht werden. Zum anderen aber sollte auch die Chance genutzt werden, optimale Managementteams auf allen Ebenen zu bilden.

Die CEOs der beiden fusionierenden Einheiten erklärten Letzteres von Anfang an zum wichtigen strategischen Ziel:

> The success of our new company will mainly depend on people, their competencies and values. It is crucial that we take advantage of the unique opportunity provided by the merger. Thus, we want to assess the strengths and talent of our management group at both the individual and collective levels. We want to appoint the strongest leadership team by ensuring that we identify and leverage the skills of our executives in the fairest and most effective manner.
> [Der Erfolg unserer neuen Gesellschaft hängt in erster Linie von den Menschen ab, von ihren Kompetenzen und Werten. Entscheidend ist, dass wir die einmalige Chance nutzen, die sich uns mit dem Merger bietet. Deshalb wollen wir die Stärken und Fähigkeiten unserer Führungsmannschaft sowohl individuell wie auch in der Gesamtheit erfassen und bewerten. Wir wollen das bestmögliche Führungsteam formen, indem wir sicherstellen, dass wir die Fähigkeiten unserer Executives so fair und effektiv wie möglich identifizieren und fördern.]

Als Basis für die Managementauswahl, insbesondere für die 250 wichtigsten Führungspositionen, wurden drei Prinzipien gewählt:

- *Symmetrie:* Keine Position in der neuen Unternehmung, bis auf die des CEO, war gesetzt. Für jede Managementposition wurden Kandidaten aus beiden Einheiten sowie unter Umständen aus der zentralen Bayer-Organisation in die Auswahl genommen. Der Prozess der jeweiligen Bewertung war unabhängig davon, aus welcher Einheit der Kandidat stammte. Damit galt das Symmetrie-Prinzip lediglich für die Kandidaturen, bildete aber in keiner Weise eine Vorgabe für die Verteilung der Besetzungen.
- *Sechs-Augen-Prinzip:* Jeder Kandidat wurde von drei Parteien interviewt: Zum einen von dem potenziellen Vorgesetzten, dem Hiring

Executive; weiterhin von dessen Pendant aus der jeweils anderen Organisation. Obgleich Letzterer im neuen Unternehmen nicht mehr in seiner bisherigen Funktion vertreten sein würde, konnte er doch oftmals wertvolle Informationen zur Bewertung beisteuern. Als externe Sicht kam ein Management Appraisal durch neutrale Berater hinzu. Der Prozess gewann so ein großes Maß an Objektivität.
- *Grandfathering-Principle:* In erster Linie verantwortete der jeweilige Leiter einer Einheit die Besetzung seines Management-Teams. Gleichwohl musste er diese Entscheidung mit seinem Vorgesetzten abstimmen.

Der gesamte Prozess startete Mitte Oktober 2001. Als Ziel vorgegeben war, dass bis Ende Februar 2002 mindestens 80 und bis zum Closing des Mergers im Mai 2002 insgesamt 250 Führungspositionen in dem neuen Konzern besetzt worden sein sollten.

Die Sicherung der Märkte stand dabei absolut im Vordergrund. So musste der gesamte Besetzungsprozess so gestaltet werden, dass die Kundenbeziehungen auf keinen Fall unter unklaren Verhältnissen leiden würden.

2. Der Prozess

Die Basis für den Besetzungsprozess war ein vorab diskutiertes und definiertes Kompetenzmodell, das im Kern aus den acht Kompetenzen

- Result Orientation
- Strategic Orientation
- Change Leadership
- People Leadership
- People Development
- Collaboration
- Market Knowledge und
- Functional Competence

bestand.

Für jede Kompetenz gab es eine Abstufung der Ausprägung in sieben Schritten, für die entsprechende Indikatoren definiert worden waren. Mit diesem Modell sollten die notwendigen Managementkompetenzen aller relevanten Funktionen und Regionen für die zukünftige Bayer

CropScience erfasst werden. Es sollte zugleich die Profile von Managern unterschiedlicher Kulturen und Herkünfte vergleichbar machen. Immerhin waren Führungskräfte aus über 30 Ländern zu bewerten.

Der gesamte Besetzungsprozess wurde wie eine Kaskade konzipiert. In einer ersten Runde wählten die beiden CEOs der verschmelzenden Einheiten rund 35 Kandidaten für eine Position auf der ersten Managementebene aus. Gemäß dem oben beschriebenen Sechs-Augen-Prinzip wurden in enger Folge eine große Zahl Gespräche geführt, die nach vier Wochen in einem so genannten »Appointment Meeting« mündeten. Daran nahmen neben den beiden CEOs, also dem »Hiring Executive« und seinem Counterpart, die externen Berater teil. In einer offenen Diskussion konnte so auf Basis der Appraisal-Ergebnisse und der persönlichen Eindrücke schnell die erste Management-Ebene besetzt werden. Diese Ebene umfasste neben zentralen Funktionen, wie Research, Development oder der Finance-Funktion, zum Beispiel auch die Marketing & Sales Manager großer Regionen.

In der nächsten Phase ging der Prozess in die zweite Ebene. Entscheidend war nun, dass die Marktorientierung der neu entstehenden Firma durch die schnelle Auswahl der wichtigsten Vertriebsmanager abgesichert wurde. Die häufig anzutreffende Binnenorientierung bei einem Merger geht oft mit dem Verlust von Marktanteilen einher. Somit waren in diese Folgerunde die Leiter von rund 20 relevanten Ländergesellschaften einbezogen. Die Kandidatenauswahl erfolgte nun bereits nicht mehr nur durch die CEOs, sondern auch durch die Regionalleiter, die ja in der ersten Runde bestimmt worden waren.

Im weiteren Verlauf wurden die Positionen der zweiten Ebene der Zentralfunktionen besetzt sowie zügig auch die Management-Teams der Landesorganisationen zusammengestellt. Dabei galten nach wie vor die oben genannten drei Prinzipien.

Im gesamten Projekt hat es sich außerordentlich bewährt, dass die Berater systematisch Referenzen einholten. Nur vereinzelt versuchten Manager, durch eine übermäßig positive Darstellung ihrer Kollegen Seilschaften ins Spiel zu bringen. Die Mehrheit bemühte sich, den Prozess mit möglichst objektiven Urteilen zu unterstützen.

Insgesamt lässt sich sagen, dass es keine statistisch relevanten Unterschiede in den Kompetenzen zwischen den beiden fusionierenden Einheiten gab. Gleichwohl mussten nun zwei Unternehmen mit sehr unterschiedlichen Kulturen zusammenwachsen. Die wirkliche Integration blieb eine der großen Aufgaben des neuen Managements.

Als besondere Stärken des Projektes erwiesen sich, dass die Ergebnisse global vergleichbar waren und das Bewertungssystems breite Akzeptanz fand. So konnten auch die Manager, die die gewünschten Positionen nicht erhielten, von dem Verfahren profitieren: Sie bekamen präzise ihr Kompetenzprofil zurück gespielt. Zukünftige Programme zur Personalentwicklung konnten sich daran orientieren.

Insgesamt erfasste das Projekt etwa 450 Manager aus rund 30 Ländern in allen Kontinenten; das angepeilte Ziel, die Besetzung der 250 Top-Positionen vor Closing des Mergers, wurde erreicht.

3. Ausblick

Durch das Projekt entstand ein wertvolles »Competence Inventory« des neuen Unternehmens. Da die Top-Führungskräfte der neuen Bayer CropScience nahezu vollständig in dem System erfasst sind, hat das HR-Management nun eine hervorragende Basis für deren Betreuung und Entwicklung. Von der neu gewonnenen Transparenz profitieren insbesondere jene Manager, die nicht in der Unternehmenszentrale in Monheim oder im europäischen Headquarter in Lyon angesiedelt sind.

Die Besetzungen der Managementpositionen waren – in der Rückschau – recht treffsicher. Einige wenige Fehlbesetzungen wurden schnell identifiziert und korrigiert. Obwohl das Appraisal insgesamt rund sechs Monate in Anspruch nahm, wurde die Dauer des Besetzungsprozesses im Rückblick als nicht zu langwierig angesehen. Zwar gab es während des Projekts gelegentlich den – verständlichen – Ruf nach Schaffung sofortiger »klarer Verhältnisse«. Diese typische psychologische Reaktion in Zeiten der Unsicherheit verlor allerdings im Nachhinein schnell an Bedeutung.

Die Fusion zwischen Bayer Crop Protection und Aventis CropScience konnte schon früh nach dem Closing als Erfolg gesehen werden. Der befürchtete Zusammenprall der Kulturen, insbesondere zwischen der französischen und der deutschen Managementkultur, wurde weitgehend vermieden. Der »After-Merger-Blues«, der Verlust von Marktanteilen, blieb aus. Das neue Unternehmen hat heute in so gut wie allen strategischen Geschäftsbereichen einen Weltmarktanteil von über 20 Prozent. Das Ziel, bis zum Jahr 2006 die Weltspitze zu erreichen, scheint realistisch.

8.4 BVG Berliner Verkehrsbetriebe: Neue Kompetenzen für mehr Wert

Von Andreas Graf von Arnim und Volker Christians

Es mag auf den ersten Blick erstaunen, wenn sich eine Anstalt öffentlichen Rechts externe Berater für Personalmanagement ins Haus holt. Noch immer vermuten viele dort betulichen Beamtengeist. Zudem scheinen die starren Beförderungs- und Besoldungsrichtlinien der öffentlichen Hand nur wenig Spielraum für leistungsorientierte Karrieren wie in der Wirtschaft zuzulassen. Dass sich auch im öffentlichen Bereich vieles verändert, zeigt das Beispiel Berliner Verkehrsbetriebe (BVG). Die BVG sind das größte deutsche Unternehmen im öffentlichen Personennahverkehr (ÖPNV). Im Rahmen der Wiedervereinigung wurde die BVG (West) mit der BVB (Ost) zum 1. Januar 1994 zur BVG Anstalt öffentlichen Rechtes zusammengeführt. Es entstand ein Unternehmen mit damals knapp 28 000 Mitarbeitern. Gleichzeitig wurden drei neue, externe Mitglieder in das vierköpfige Vorstandsgremium gewählt.

BVG	Berliner Verkehrsbetriebe
Projektfokus	Analyse von Führungspotenzialen als Ausgangspunkt einer strategischen Neuorientierung Identifikation geeigneter interner Nachfolgekandidaten bei Neubesetzungen von Führungspositionen Potenzialfeststellung von Nachwuchsführungskräften
Projektumfang	120 Führungskräfte
Projektablauf	Einzelprojekte im Gesamtunternehmen über einen Zeitraum von 8 Jahren

Abbildung 8.4: Berliner Verkehrsbetriebe

Die Zusammenarbeit mit Egon Zehnder International bei der Management-Potenzial-Analyse begann im April 1994. Der neue Vorstand hatte damals sechs Positionen der zweiten Hierarchie-Ebene (»Direktoren«) ausgeschrieben und bat um einen neutralen Vergleich der internen und externen Bewerber.

1998 entschied der Vorstand, ein umfassendes Appraisal in allen Unternehmens- und Zentralbereichen vorzunehmen. Eingeschlossen waren darin jene Direktoren, die 1994 schon im Amt gewesen und daher nicht bewertet worden waren. Grund für dieses zweite Appraisal waren die wachsenden Anforderungen an Management- und Führungskompetenzen innerhalb der BVG. Denn das Umfeld der BVG änderte sich mit wachsender Geschwindigkeit:

- die Kostensituation verschärfte sich zusehends, unter anderem bedingt durch geringere Subventionen des Senats,
- das Unternehmen musste dringend Mitarbeiter abbauen, darf aufgrund besonderer Vereinbarungen aber betriebsnotwendige Kündigungen nicht aussprechen,
- mit der Öffnung der regionalen ÖPNV-Märkte drängten zunehmend nationale und internationale Wettbewerber in das BVG-Geschäft.

Um auf diese neuen Bedingungen angemessen reagieren zu können, brauchte das Unternehmen nicht nur einen Überblick über die Stärken und Schwächen seiner Führungskräfte. Geplant war auch, eine professionelle Führungskräfte-Entwicklung aufzubauen, um erkannte Defizite gezielt anzugehen und Leistungsträger ihren Fähigkeiten entsprechend zu fördern.

Im Herbst 2002 übernahm von außen ein neuer Vorsitzender die Leitung des Vorstands. Da er zugleich für die kaufmännischen und vertrieblichen Zentralfunktionen verantwortlich war, veranlasste der neue Vorstandsvorsitzende ein Appraisal jener Führungskräfte, deren Leistung aus seiner Sicht zukünftig einen stärkeren Mehrwert der BVG bildete: der Manager aus dem Direktorat Angebot und Vertrieb.

Über einen Zeitraum von nunmehr neun Jahren haben die BVG Management Appraisals in unterschiedlichen Situationen und mit differenzierten Zielen angewandt:

- Bestandsaufnahme des vorhandenen Management-Potenzials im Gesamtunternehmen (1998)

- Bestandsaufnahme des vorhandenen Management Potenzials in einem Zentralbereich (2002)
- Optimierung der Besetzung von Führungspositionen durch den Kompetenzvergleich interner und externer Kandidaten (1994) und durch externes Benchmarking interner Anwärter (2002)
- Erfassung von Nachwuchsführungskräften im Hinblick auf ihr zukünftiges Potenzial mit parallel einhergehenden Entwicklungsmaßnahmen (Talent Management, 1999)

In der Zusammenfassung der individuellen Kompetenzprofile über einen langjährigen Zeitraum ergibt sich für die BVG das folgende Bild: Die Führungskräfte des Unternehmens sind geprägt von hoher Fachkompetenz, Teamfähigkeit und Veränderungsbereitschaft. Weniger deutlich erkennbar dagegen sind die fachliche Breite, die strategische Orientierung sowie die interkulturelle Orientierung. Dabei sind damit gar nicht einmal internationale Erfahrungen, sondern nur andere Unternehmenskulturen gemeint. Dieses Resultat überrascht nicht, spielten in den vergangenen Jahrzehnten die letztgenannten Kompetenzen doch keine Rolle bei Beförderung und Aufstieg in der BVG.

Die überdurchschnittlich ausgeprägte Teamfähigkeit, die sich vor allem in der sehr guten Zusammenarbeit mit Kollegen auf der gleichen Hierarchiestufe ausdrückt, lässt sich mit den parallelen Karrierewegen vieler Stelleninhaber erklären: Von der Lehre über die ersten Beförderungen bis zum weiteren Aufstieg zum Sachgebietsleiter, Abteilungsleiter oder Direktor kannte man sich und blieb zusammen. Daraus haben sich vielfach persönliche Freundschaften entwickelt. Das »Du« ist als Anrede im gesamten Unternehmen üblich.

Die hohe Bereitschaft, sich zu verändern bei gleichzeitig niedriger strategischer Orientierung ist eine Kombination, die typisch ist für Unternehmen, die bisher in regulierten Märkten agiert haben. Die Führungskräfte erkennen die Notwendigkeit, sich zu verändern und sind auch in hohem Maß bereit dazu, etwa stärker Ergebnis orientiert zu arbeiten. Doch der Weg dahin ist ihnen nicht immer klar. Erst in diesem Jahrzehnt wird der Wettbewerbsdruck für die BVG spürbar werden und somit auch relevant für Kosteneffizienz und Qualität der erbrachten Leistung. Bisher ist vor allem die technisch verlässliche Ausführung das bestimmende Qualitätsmerkmal der BVG-Leistungen. Erfahrungen aus Unternehmen, die schon in Wettbewerbssituationen agieren, haben die Führungskräfte der BVG in ihrer großen Mehrheit nicht vorzuweisen. Noch muss der Vorstand einen Großteil der strategischen und konzeptionellen Arbeit leisten, um Veränderungen aus unternehmerischer Sicht zielgenau zu gestalten. Hier muss die Führungskräfteentwicklung mit sinnvollen Förderangeboten gegensteuern.

Trotz solcher Defizite haben die BVG und ihre Manager in den zurückliegenden Jahren viel erreicht. Fast geräuschlos hat das Unternehmen seine Mitarbeiterzahl halbiert, ohne dass das Leistungsangebot eingeschränkt worden ist. Es gibt heute ein klares Bild über die Kosten und ihre Verursacher. Jetzt gilt es, die Einnahmenseite nachdrücklich zu stärken, etwa durch die Verbesserung der Qualität und Struktur des Angebots. Dazu braucht das Unternehmen Köpfe, die die Kundenbedürfnisse in den Fokus ihres Denkens und Handelns stellen. Dies erfordert Gespür und Verständnis für die Zusammenhänge des Marktes, auf dem die BVG operieren. Es ist vordringlich diese Kompetenz, an deren Ausprägung die Führungskräfteentwicklung der BVG nunmehr zu arbeiten hat.

8.5 Deka Investment GmbH: Berufsbild im Wandel

Von Holger Sepp und Arnd Roselieb

Wie in vielen anderen Branchen, so hat sich auch das Geschäft mit Investmentfonds in den vergangenen Jahren grundlegend verändert. Es ist schneller, wettbewerbsintensiver und spezialisierter geworden. Darauf wollte die Deka Investment reagieren, als sie 2002 ihre »Fondsproduktion« von Grund auf neu ausrichtete. Ziel war, die Qualität und Performance der Deka Investmentfonds nachhaltig zu steigern. Dazu hat das Unternehmen einen an globalen Best Practice-Standards orientierten Investmentprozess implementiert.

Um die rechtlichen Voraussetzungen für die Neuausrichtung zu schaffen, schloss sich am 1. April 2002 die für das Management von Wertpapier-Publikumsfonds verantwortliche Deka Investment GmbH (ehemals Deka Kapitalanlage) mit der Spezialfonds-Gesellschaft Deka Investment Management rückwirkend zum 1. Januar des Jahres zusammen. Es entstand eine Gesellschaft mit rund 250 Mitarbeitern, die ein Vermögen von insgesamt 120 Milliarden Euro verwalteten.

Deka Investment	DEKA Investment GmbH
Projektfokus	Analyse von Führungspotenzialen, um ‚objektivierte' Führungskräfteauswahl im Rahmen der Einführung eines neuen Investmentprozesses sicherzustellen
Projektumfang	24 Führungskräfte aus zweiter und dritter Führungsebene
Projektablauf	Circa 6 Wochen inkl. Endpräsentation und Feedback an alle Teilnehmer

Abbildung 8.5: DEKA Investment GmbH

Mit der Fusion konnten bislang unterschiedliche, nebeneinander verlaufende »Produktionsprozesse« zusammengeführt und Doppelarbeiten, vor allem im Research, bei Portfoliomanagement und Umsetzung, vermieden werden. Die Deka Investment entschied sich, jene Mitarbeiter, die durch Synergien zunächst frei geworden waren, so in den neuen Investmentprozess einzugliedern, dass sie deutlich zur Qualitäts- und Leistungssteigerung beitragen konnten. Darüber hinaus wurde die Entscheidung für einen gemeinsamen neuen »Produktionsprozess« nach angelsächsischem Vorbild getroffen. Der gezielten Personalauswahl kam im Rahmen dieser komplexen Reorganisation – Fusion und Änderung des Produktionsprozesses – entscheidende Bedeutung zu.

Neue Strukturen und Abläufe

Zentraler Aspekt bei der Neuausrichtung war ein einheitlicher Investmentansatz; unabhängig davon, ob es sich um Spezialfonds oder Publikumsfonds handelt. So wird garantiert, dass alle Fondsportfolios auf einem gemeinsamen, definierten und konsistenten Prozess basieren.

Als eine Konsequenz dieser Reorganisation hat sich das Berufsbild des Fondsmanagers bei der Deka Investment vollkommen gewandelt. Der Fondsmanager »alter Schule« war ein Generalist. Er analysierte Unternehmen, Branchen und Märkte. Die daraus gewonnenen Erkenntnisse setzte er selbst in seinem Fondsportfolio um – er entschied über Kauf oder Verkauf von Wertpapieren, platzierte die Orders und hielt eventuell auch noch Kontakt mit Kunden. Mit den neuen Abläufen wurde es stattdessen notwendig, sich zu spezialisieren; als Research Manager, Alpha Portfolio-Manager, Implementation-Manager, Order-Manager und Kundenberater/Spezialfondsbetreuer. Der › One-fund-one-manager-Ansatz‹ wurde abgelöst durch eine arbeitsteilige Spezialisierung.

Im neuen Prozess liefert jetzt das zentrale Research die Grundlagen für die Gestaltung von Modellportfolios. Dabei werden Einzeltitel – beispielsweise Aktien oder Renten – sowie Sektoren, Regionen und Laufzeiten analysiert. Verantwortlich dafür ist der Research Manager. Zu seinen Aufgaben gehören unter anderem die regelmäßigen Unternehmensbesuche, d. h. die »One-on-Ones« mit Unternehmensvorständen.

Die Ergebnisse des Researchs fließen in die Portfolio-Konstruktion ein: Dort werden vom Alpha Portfolio-Manager Modellportfolios erstellt und gesteuert. Seine Aufgabe ist es, Chancen und Risiken von Investmententscheidungen abzuwägen und ertrag-risikoeffiziente Portfoliostrukturen zu erstellen – noch vor der Umsetzung in reale Fonds.

Die praktische Umsetzung der Modellportfolios geschieht in der Implementierungsphase. Hier werden Modellportfolios in den eigentlichen Publikumsfonds bzw. das individuelle Kundenportfolio des institutionellen Anlegers umgesetzt. Daran schließt sich die Orderaufgabe durch den zentralen Orderdesk an.

Im Rahmen der Performancemessung und Risikokontrolle wird der gesamte Investmentprozess fortlaufend überwacht und weiterentwickelt. Dazu werden alle Ergebnisse des Wertschöpfungsprozesses gemessen und analysiert.

Eine gebündelte Kundenbetreuungseinheit kümmert sich darüber hinaus intensiv um die institutionellen Kunden im Hinblick auf ihr spezielles Mandat und die damit zusammenhängende Anlagepolitik.

Diese Arbeitsteilung ist der wesentliche Erfolgsfaktor für eine nachhaltige Qualitätssteigerung in Produkten und Prozessen des Fondsmanagements. Sie setzt eine hinreichende Größe und ein fundiertes Know-how voraus. Beides war bei der Deka Investment dank der Fusion gegeben. Das Angebot an Fondsprodukten ist breit gestreut – sowohl bei den Aktienfonds als auch bei den Rentenfonds. Das 250 Mann starke Team verfügt über Aktienmarkt-Spezialisten zu allen wichtigen Branchen und Märkten – mit einem klaren Fokus auf Europa. Ebenso global aufgestellt ist der Renten- und Geldmarktbereich. Hinzu kommen Manager, die ausschließlich die Bonität von Unternehmen prüfen und die Corporate-Bond-Anleihen analysieren. Die Bündelung und der effektive Einsatz solcher Kompetenz der Anlageexperten in Research und Produktion war einer der kritischen Erfolgsfaktoren für die neue Struktur. Zudem setzten die nun stark arbeitsteiligen Abläufe voraus, dass ehemalige Solisten jetzt in spezialisierten Teams effizient miteinander arbeiteten. Und es musste gewährleistet sein, dass an den neuen Schnittstellen des Prozesses keine Lecks und Verzögerungen entstanden.

Im Jahr der Fusion hatte die Deka Investment bewusst Kompromisse im Hinblick auf die Struktur und das Personal hingenommen, um die Mitarbeiter nicht übermäßig zu verunsichern und zu frustrieren. Nach erfolgreicher Implementierung des neuen Investmentprozesses ging es im Jahr 2003 darum, die organisatorische Struktur der Gesellschaft entsprechend zu bereinigen und die begonnene Entwicklung folgerichtig zu Ende zu bringen. Neben der strikten Trennung von Research, Portfoliokonstruktion, Implementierung/Orderdesk und Kundenbetreuung in so genannte Dezernate schuf das Unternehmen die Position eines Chief Investment Officers (CIO). Seine Hauptverantwortung ist die Kontrolle und Weiterentwicklung des Investmentprozesses. Ein neu eingesetzter Chief Operating Officer (COO) zeichnet für alle Steuerungs- und Servicefunktionen sowie das Management der Schnittstellen in dem Konzern verantwortlich.

Objektive Auswahl

Aufgrund der vielen Veränderungen, neuen Funktionen und Jobprofile entschied sich die Deka, ein Management Appraisal zur Führungskräfteauswahl auf der ersten und zweiten Ebene unterhalb der Geschäftsführung durchzuführen. Davon versprach sich die Unternehmensleitung zwei grundlegende Effekte:

- *Objektivität;* ein Jahr nach der Fusion waren die unterschiedlichen früheren Firmenkulturen noch deutlich zu spüren. Auch die Geschäftsführung stammte aus den unterschiedlichen Vor-Instituten. Die einheitliche Definition von Auswahlkriterien und die »neutrale« externe Beurteilung sollten die Objektivität des Auswahlprozesses sicherstellen.
- *Transparenz;* die Manager, die für die entsprechend definierten Positionen in Frage kamen, sollten aufgrund des transparenten, ausführlich kommunizierten Verfahrens die Ergebnisse der Bewertung nachvollziehen und akzeptieren können.

Die Besetzung der ersten Führungsebene sollte im Rahmen des Appraisals an Hand der Beurteilung von Managementqualifikationen erfolgen; die fachliche Beurteilung oblag der Geschäftsführung. Gemeinsam mit den Beratern legte ein Deka-Team einheitliche Sollwerte für Kompetenzen fest, die alle Führungskräfte vorweisen können sollten, etwa für Teamfähigkeit, Führungsverhalten und Veränderungsfähigkeit. Andere Kriterien, die mit dem jeweiligen Aufgabengebiet der auszuwählenden Führungskraft zusammenhingen, wurden spezifisch definiert. So benötigt etwa ein Abteilungsleiter, der für Aktienresearch im Small Cap-Bereich verantwortlich zeichnet, eine deutlich höhere strategische Ausrichtung als ein Kollege, der für die Umsetzung von Musterportfolios in Einzelfonds zuständig ist.

Fest eingeplant für das Management Appraisal waren alle amtierenden Abteilungsleiter der Deka Investment. Darüber hinaus benannte die Geschäftsführung weitere Teilnehmer. Im Klartext bedeutete das, dass keiner der bisherigen Abteilungsleiter einen automatischen Anspruch auf seine Funktion behielt.

Jeder der einbezogenen Manager wurde persönlich von seinem Vorgesetzten informiert. In einer gemeinsamen Kick-Off-Veranstaltung stellte die Geschäftsführung die Ziele des Verfahrens im Rahmen der laufenden Umstrukturierung vor. Anschließend präsentierten die Berater von Egon Zehnder International sich selbst, den Prozess, die Kriterien, die Ergebniskategorien sowie den Zeitplan.

Für die Vorstellung und Diskussion der Ergebnisse aus 24 Interviews haben sich die Consultants und die Deka Investment-Geschäftsführung viel Zeit miteinander genommen. Zunächst präsentierten die Berater einen Überblick der konsolidierten Ergebnisse. Anschließend wurden Position für Position alle jeweils in Frage kommenden Kandidaten besprochen. Gegenüber einer »Personenorientierung« hatte diese Art der Ergebnispräsentation den Vorteil, dass sie sich auf das spezifische Anforderungsprofil der jeweiligen Stelle fokussierte. Vor diesem Hintergrund wurden jeweils alle in Frage kommenden Manager miteinander verglichen. Auch wenn die Ergebnisse des Appraisals in den meisten Fällen der Einschätzung der Geschäftsführung von den einzelnen Kandidaten entsprachen und keine wirklichen Überraschungen boten, empfand die Deka-Leitung das Verfahren als wichtig und hilfreich. Zum einen wurden Abweichungen zwischen den Soll-Profilen und den Ist-Werten objektiv und losgelöst von der Firmenhistorie offen gelegt. Zum anderen boten die Evaluierungen wertvolle Hinweise auf mögliche Einsatzalternativen mancher Manager.

Binnen 14 Tagen nach Abschluss der Interviewrunde erhielten auch die Teilnehmer ihr Feedback in einem gemeinsamen Gespräch mit dem jeweils zuständigen Geschäftsführer und einem der beiden EZI-Interviewpartner. Der Geschäftsführer begründete die Besetzungsentscheidung auf der Basis von Appraisal und interner Einschätzung. Anschließend stellte der Berater die Ergebnisse aus dem Appraisal ausführlich dar. Kurzfristig nach dem letzten individuellen Feedback-Gespräch wurde die künftige Besetzung der ersten Führungsebene im Rahmen einer speziellen Veranstaltung allen Mitarbeitern der Deka Investment präsentiert.

So konnten 13 der vorhandenen 18 Abteilungsleiterposten direkt besetzt werden. Bei zwei Positionen wurden die geeigneten Kandidaten als stellvertretende Abteilungsleiter in Verbindung mit einem intensiven Coaching durch den jeweils verantwortlichen Geschäftsführer an ihre neue Position herangeführt. Drei Stellen sind zunächst nicht besetzt worden, weil keiner der Teilnehmer aus dem Appraisal das passende Kompetenzprofil vorzuweisen hatte. Hierfür wurden geeignete Kandidaten am Markt gesucht.

8.6 Deutsche Post World Net: Vertrauen bildende Maßnahmen

Von Joachim Kayser und Peter Baltensperger

Die Deutsche Post AG hat in den vergangenen Jahren viel unternommen, um die Abhängigkeit ihrer Ergebnisse vom Haupterlösbringer Brief zu reduzieren. Unter dem Dach Deutsche Post World Net (DPWN) sind heute die drei Marken Deutsche Post, DHL und Postbank in einem Leistungsverbund vereint. Erklärtes Ziel ist es, zum weltweit führenden Logistikunternehmen zu werden. Den Weg dahin hat sich der Konzern mit einer konsequenten Wachstums- und Internationalisierungsstrategie geebnet. Durch gezielte Zukäufe hat die DPWN Qualität und Quantität ihrer Dienstleistungen ebenso stark erweitert und verbessert wie auch schnell eine international flächendeckende Präsenz erreicht. Dabei hat das Team um Vorstandschef Klaus Zumwinkel geschickt taktiert. Das Going global wurde sorgsam und verdeckt vorbereitet, dann zügig in einer Akquisitionsphase umgesetzt. Die Post-Manager konnten ziemlich ungestört zu relativ

Deutsche Post World Net	Deutsche Post World Net
Projektfokus	Analyse des Managementpotenzials der neu zur Deutschen Post World Net gestoßenen Unternehmen und Unterstützung in deren Integration (‚soft factors‘)
Projektumfang	Insgesamt rund 320 Führungskräfte
Projektablauf	Diverse internationale Projekte innerhalb von 4 Jahren

Abbildung 8.6: Deutsche Post World Net

moderaten Preisen unter geeigneten Kaufobjekten auswählen, ehe die Konkurrenz reagierte – und realisierte, dass der vormalige deutsche Staatskonzern mit seiner Einkaufstour das Startsignal zur weltweiten Konsolidierung der betreffenden Märkte gegeben hatte.

Zu den wesentlichen Erwerbungen der DPWN zählen:

- im Logistikbereich die Danzas-Gruppe, die ihrerseits weitere Firmen wie AEI und ASG erwarb – und weiterhin zur Abrundung ihres Marktauftritts passende Firmen übernimmt;
- im Bereich Express als wichtigster Neuzugang die DHL International, die ihrerseits weitere Unternehmen gekauft hat und kauft, so zum Beispiel die börsennotierte Airborne als drittstärkste Expressfirma in den USA und Loomis in Kanada. Zu nennen sind in diesem Bereich außerdem van Gend & Loos, MIT und Guipuzcoana;
- im Finanzbereich die Postbank, die ihrerseits die DSL-Bank und die BHF USA übernommen hat;
- im Bereich Brief die Firma Global Mail USA, die weitere, kleinere Firmen weltweit erworben hat.

Nach der gelungenen Integration der zugekauften Firmen ist die Deutsche Post World Net mit den Unternehmensbereichen Brief, Express, Logistik und Finanzdienstleistungen nun ideal aufgestellt, um weltweit passgenaue Lösungen anzubieten. Wie richtig die Zielrichtung der DPWN-Strategie war, lässt sich an den Zahlen ablesen: Der Konzernumsatz hat sich fast verdreifacht. Das Konzernergebnis ist deutlich gestiegen. Wesentliche Steigerungspotenziale bieten sich noch an, die durch ein konzernweites Wertschöpfungsprogramm namens STAR und den neuen Marktauftritt in den USA ausgeschöpft werden sollen.

Kompetenzen als Unternehmenswert

Anders als sonst bei vielen Übernahmen üblich, hat die DPWN in den zugekauften Unternehmen nur sehr selten die Führung ausgetauscht. Dahinter steht die Überzeugung, dass die Fähigkeiten und Leistungen des vorhandenen Managements einen wesentlichen Teil des Unternehmenswertes ausmachen. Wo Einheiten neu geschaffen worden sind, sollten die übernommenen Führungskräfte jeweils die Positionen besetzen, auf denen sie ihre besonderen Kompetenzen gut zur Wirkung kommen lassen konnten. Dabei galt es, dem bisherigen Management möglichst schnell eine Perspektive aufzuzeigen. Auch für unterstellte Führungskräfte und deren Mitarbeiter war es wichtig zu erfahren, was der oder die bisherigen Chefs künftig verantworteten, an wen sie sich wenden konnten und was der übernehmende Konzern ihnen selbst zu bieten hatte.

Die DPWN hat bewusst auf das Prinzip der fachlichen Bestenauslese verzichtet, weil ihr die angemessene Berücksichtigung der Führungskräfte der bisherigen Gesellschaften in den neuen Führungsgremien wichtiger erschien. Diese Haltung hat sich mehrfach ausgezahlt: Es gab nur wenige Kündigungen, wertvolles Know-how und wichtige Kunden blieben erhalten. Allerdings sollte zuverlässig festgestellt werden, ob die internen Kandidaten auch die absoluten Anforderungen erfüllten. Außerdem wollte das Unternehmen wissen, wo externe Führungskräfte deutlich besser abschneiden würden. Wenn etwa zwei Manager mit rein nationaler Erfahrung bei einer internationalen Aufgabe zur internen Auswahl standen, konnte die Entscheidung zugunsten eines externen Dritten fallen, auf den das neue Anforderungsprofil besser passte.

Management Appraisals zum Marktvergleich

Nachdem die DPWN früher Assessment Center zur Evaluierung von Führungskräften – vorwiegend im mittleren Management – eingesetzt hatte, erschien dieses Instrument bei der Zielgruppe des oberen Managements weniger geeignet. Der Konzern entschied sich hier für Management Appraisals. Sie konnten neben den Verhaltenskriterien auch die fachlichen Kompetenzen, die Leistung und die Wirkung des Kandidaten in seinem Umfeld aufzeigen. Außerdem konnten aufgrund einheitlicher Bewertungsmaßstäbe interne und externe Aspiranten miteinander verglichen werden. Nicht zuletzt akzeptieren auch Topführungskräfte das Appraisal, weil sie nicht in künstlichen Testsituationen, sondern aufgrund ihrer bisherigen Ergebnisse und Verhaltensweisen in der Praxis eingeschätzt werden, und neutrale Spezialisten die Interviews durchführen.

Ende der 90er Jahre entschied sich die DPWN für Egon Zehnder International als Partner für die Management Appraisals. Für EZI sprachen das weltweite Beraternetz mit vielen erfahrenen Consultants, die das Verfahren zeitgleich an verschiedenen Orten durchführen konnten und damit valide, schnelle Ergebnisse garantierten. Zudem gab es eine Art »Verbindungsoffizier«, der den Kontakt zwischen den jeweils zweiköpfigen Interviewerteams hielt und sicherstellte, dass die Maßstäbe weltweit einheitlich und konsistent blieben. Viele EZI-Berater kannten die Eigenheiten und Ansprüche des Konzerns schon aus vorherigen Aufträgen. Auch bei den zugekauften Firmen und den Märkten verfügte die Beratungsfirma über fundiertes Know-how.

Vor dem bereits skizzierten strategischen Hintergrund bestimmte die DPWN die Teilnehmer des Management Appraisals, wobei im konkreten Einzelfall jeweils bestimmte Themen und Problemstellungen zu berücksichtigen waren. Hier war große Sorgfalt erforderlich, denn schon die Auswahl der zu beurteilenden Manager war in vielen Fällen ein sensibles Thema. So mussten alle relevanten Führungskräfte in den übernommenen Firmen erfasst werden. Andererseits sollte die Zahl der in einer ersten Phase evaluierten Führungskräfte aus Gründen der Effizienz, der Kosten und der Schnelligkeit nicht zu groß sein.

Viele der teilnehmenden Führungskräfte reagierten auf die Ankündigung der Management Appraisals zunächst mit gemischten Gefühlen und auch mit Vorsicht. Allerdings zeigte sich nach Beginn des Prozesses und den ersten Rückmeldungen der beteiligten Führungskräfte, dass manche nicht mit einbezogene Manager und High Potentials sich übergangen fühlten. Insbesondere bei Firmenübernahmen hat sich gezeigt, welche zentrale Rolle die transparente und rechtzeitige Kommunikation über Inhalte und Ziele des Appraisals spielt, um die Teilnehmer mit an Bord zu holen. Weil es bei einem internationalen oder gar globalen Appraisal wie bei der DPWN gar nicht möglich ist, alle Führungskräfte physisch an einem Ort zu versammeln und persönlich zu unterrichten, ist eine frühe und umfassende schriftliche Information unabdingbar.

In den Interviews selbst folgte die Gesprächsführung der bewährten EZI-Methodologie, nahm aber auch Rücksicht auf das spezielle rechtliche Umfeld und die entsprechenden lokalen Usancen. Mindestens einer der beiden EZI-Berater, die das Interview durchführten, stammte jeweils aus dem Büro vor Ort und war mit dem kulturellen und geschäftlichen Umfeld der zu beurteilenden Führungspersönlichkeiten vertraut.

Im Laufe der Gespräche ergaben sich zahlreiche Informationen zum jeweiligen Herkunftsunternehmen, dessen Kultur sowie über allgemeine Probleme und Ängste bei den Beteiligten. Diese weichen Faktoren waren ein wichtiges Nebenprodukt der Appraisals. Die neue Muttergesellschaft erfuhr damit viel über die informellen Hierarchien und Informationsflüsse in den zugekauften Firmen, die ›Dos and Don'ts‹ einer Unternehmenskultur und insbesondere deren implizite Werte. Denn das tatsächliche Verhalten von Führungskräften und Mitarbeitern kann im Alltag sehr deutlich von schriftlich formulierten Wertekodices und Mission Statements abweichen. Gerade bei Mergers und Übernahmen sind solche Erkenntnisse von enormer Bedeutung, weil sie auf Probleme hinweisen, bevor diese Wirkung zeigen.

Die Resultate der jeweiligen Appraisals wurden dem zuständigen Vorstand und dem Leiter Konzernführungskräfte präsentiert. Grundgerüst der Präsentation waren die Einzelberichte der interviewten Führungspersönlichkeiten. Auf diesen baute die Gesamtanalyse über die beurteilten Führungskräfte und insbesondere über das Unternehmen selbst auf.

Es folgten die Feedback-Gespräche mit den bewerteten Managern, die im Beisein des direkten Vorgesetzten und des entsprechenden HR-Verantwortlichen stattfanden. Durch das umfassende Bild des Kandidaten und die ausführliche Diskussion seines Ist-Profils am Soll-Profil der neuen Stelle endeten Besprechungen regelmäßig nicht nur in der Feststellung, für welche Funktion(en) der Betreffende in Frage kam, sondern auch, welche Entwicklungsmaßnahmen er durchlaufen sollte.

Positive Erfahrungen aller Beteiligten

Für die DPWN steht heute fest, dass die Appraisals ganz wesentliche Entscheidungshilfen für Besetzungen und Entwicklungsmaßnahmen geliefert haben. Mit Hilfe einer erprobten Systematik kamen die jeweiligen Stärken und Schwächen klar zum Ausdruck. Neben kultureller Passung, der Bereitschaft, mit anderen zusammenzuarbeiten oder privaten Mobilitätsüberlegungen kamen vor allem Abweichungen zum Sollprofil im Bereich strategischer Fähigkeiten, Verkaufs- und relevanter Facherfahrungen zum Vorschein. Als wertvoll erwiesen sich zudem Zusatzbeobachtungen, die normalerweise nicht im Fokus von Personalbeurteilungen liegen. Andererseits gab es durchaus abweichende Einschätzungen, etwa was die Bewertung von intern erbrachten Leistungen anging. Deshalb behielt die DPWN sich vor, die Ergebnisse aus dem Appraisal als eine Information unter mehreren zu werten.

Die bewerteten Führungskräfte schätzten besonders die fachliche Professionalität der Interviewer und die abgewogene, ehrliche Rückmeldung. Gerade Führungskräfte haben sonst selten Gelegenheit, Feedback in unabhängiger Form zu bekommen. Einige Manager nutzten diese Informationen über ihre Kompetenzen und Potenziale für genauere Nachfragen und Karriereempfehlungen seitens der Berater.

Nicht zu unterschätzen ist die Wirkung der umfangreichen und aufwändigen Appraisals auf neu hinzukommende Führungskräfte bei weiteren Akquisitionen: Die Deutsche Post World Net ist ein Unternehmen, das sich um seine Führungskräfte kümmert und in sie investiert. Das ist die Botschaft und sie schafft intern das Vertrauen und die Identifikation, die der Konzern braucht, um seine ehrgeizigen Ziele zu erreichen.

8.7 DFS Deutsche Flugsicherung: Sicheres Geleit in die Privatwirtschaft

Von Jürgen Hartwig, Andreas Gräf und Maren Wittmann

Ein eher ungewöhnliches Appraisal-Projekt fand 1999/2000 bei der DFS Deutschen Flugsicherung GmbH in Offenbach/Langen statt. Es sollte helfen, die ehemalige Bundesbehörde auf dem Weg in die Privatwirtschaft weiter voranzubringen. Der Vorläufer der DFS GmbH, die Bundesanstalt für Flugsicherung (BFS), war 1953 gegründet worden. Ihr Auftrag war die zivile Flugsicherung im Luftraum der Bundesrepublik Deutschland. Die Aufgaben der BFS umfassten vor allem die Lenkung des Flugverkehrs sowie die Entgegennahme, Bearbeitung und Weiterleitung von Flugplänen. Die BFS war außerdem für die Planung, Errichtung und Inbetriebhaltung aller für diese Zwecke notwendigen technischen Einrichtungen und der Funknavigationsanlagen für Luftverkehrsteilnehmer zuständig, sowie für die Ausbildung von Fluglotsen.

In fast 40 Jahren entwickelte sich die Behörde zu einer der größten Flugsicherungen weltweit. 1993 war ein erster Schritt in Richtung Pri-

DFS Deutsche Flugsicherung	Deutsche Flugsicherung
Projektfokus	Evaluierung und Potenzialbewertung der Führungskräfte des Unternehmens vor dem Hintergrund einer geplanten Reorganisation und der Einführung einer Prozessorganisation
Projektumfang	Circa 100 Führungskräfte der ersten und zweiten Ebene
Projektablauf	2 Phasen: 1. Ebene innerhalb von 6 Wochen, anschließend 2. Ebene innerhalb von 3 Monaten, zusätzlich anschließende Einzelevaluationen für bestimmte Positionen

Abbildung 8.7: Deutsche Flugsicherung

vatisierung getan worden: Die Bundesbehörde wurde in eine GmbH umgewandelt; mit dem Staat als alleinigem Anteilseigner. Am 1. Februar 1994 übernahm die neue DFS GmbH zusätzlich zu den bisherigen Aufgaben ihrer Vorgängerorganisation die überörtliche militärische Flugsicherung. Das Unternehmen beschäftigte damit rund 5 500 Mitarbeiter: allein 1 900 Fluglotsen sowie Flugsicherungsfachleute, Ingenieure, Techniker und Kaufleute.

Die breite Mehrheit der Mitarbeiter begrüßte die Änderung der Organisationsform und den Aufbruch in die Privatisierung. Gerade die Fluglotsen hatten den »Beamtenapparat« der BFS oft als zu schwerfällig und als ihrer Tätigkeit nicht adäquat empfunden. Dieser erste Schritt auf dem Weg zu einem »normalen« Unternehmen wurde unter anderem als Vorbereitung auf die erwartete Öffnung der Märkte in Europa und die absehbaren Veränderungen in der Flugsicherung gesehen.

Neue Wege im Personalmanagement

Mit Gründung der DFS GmbH 1993 stellte sich auch das Personalmanagement der DFS neu auf. Sukzessive wurden moderne Bewertungsinstrumente eingeführt, etwa Assessment Center als Auswahlverfahren auf unterer und mittlerer Ebene des Unternehmens. Die Aufbruchsstimmung und die breite Erkenntnis, dass sich das Unternehmen modernisieren müsse, führten dazu, dass die Mitarbeiter solche neuen HR-Methoden ausgesprochen positiv aufnahmen. Sie schätzten Transparenz und Fairness, die diese in Entscheidungsprozesse brachten. Hilfreich war das AC bei der Zusammenführung des zivilen mit dem militärischen Bereich, da alle Kandidaten das gleiche Verfahren durchliefen.

Mit dem erfolgreichen Einsatz des Assessment Centers war ein wichtiger Grundstein in der Personalarbeit gelegt. Zunehmend wurden jedoch die Limitationen des Verfahrens deutlich: Es lieferte zwar Erkenntnisse über das individuelle Fähigkeiten- und Kompetenzprofil sowie Potenzial der jeweiligen Führungskraft. Aber Aussagen darüber, wie der betreffende Manager seine derzeitige Aufgabe und Position ausfüllt, wie das vorhandene Potenzial zukünftig optimal genutzt werden kann, welche konkreten Einsatzmöglichkeiten und Karriereperspektiven angestrebt werden sollten, und wie die Führungskräfte im externen Vergleich abschnitten, konnte das Assessment Center nicht leisten. Außerdem bewirkte es weder direkt noch indirekt Kulturveränderungen, sodass einige Bereiche unbeirrt im alten Stil weiterarbeiteten und entschieden.

Über die Jahre hatten die Alleinstellung der BFS/DFS und die hohe Verantwortung, die mit ihren Aufgaben verbunden ist, natürlich Kultur und Miteinander im Unternehmen geprägt: Sicherheit und »Null-Fehler-Denken« standen – nicht unberechtigt – an oberster Stelle der Prioritätenliste. Die Regionen mit starken Regionalleitern hatten sich zu kleinen Fürstentümern entwickelt. Sehr selbstbewusste und kritische Mitarbeiter, die weltweit in ihrer besonderen Profession führend waren, arbeiteten in einer Organisation, deren Strukturen und Prozesse im Lauf der Zeit verkrustet waren; oft mit dem Hinweis auf die Sicherheit. Wirtschaftliches Denken hingegen war in der Vergangenheit nicht notwendig gewesen und deshalb sehr gering in der DFS ausgeprägt.

1998 war der einstige Elan und Schwung, der von der Privatisierung 1993 ausgegangen war, endgültig verflogen. Gleichzeitig wurde deutlich, dass weitere Veränderungen als Antwort auf sich weiter verändernde Rahmenbedingungen notwendig wurden. Flugsicherungsmonopole in der EU würden fallen. Es gab eine rasante Entwicklung technischer Systeme. Die Fluggesellschaften forderten niedrigere Flugsicherungsgebühren. Der damit erzeugte Rationalisierungsdruck hatte u. a. dazu geführt, die Regionalstruktur mit sechs Überflug-Kontrollzentren zu straffen. Zugleich erwog die Geschäftsführung, in andere nicht regulierte Geschäftsbereiche wie z. B. das Consulting zu expandieren.

Die Zielorganisation

Als »Zielorganisation« wurde eine neue, am Markt ausgerichtete Unternehmensstruktur entwickelt, die im Kern eine Prozess orientierte Bündelung von Aufgaben vorsah. Dies spiegelte sich in der Aufteilung in folgende Geschäftsbereiche wider, die eigenständig mit eigener Führungsorganisation operieren sollten:

- Tower (Flugplatzkontrolle)
- Center (Streckenkontrolle)
- Luftfahrtdatenmanagement (Flugberatung AIS und Advanced AIS)

- Consulting (Beratung)
- CNS (Telekommunikations-, Navigations- und Ortungssysteme)
- Akademie (Ausbildung von Flugsicherungs- und sonstigem Luftfahrpersonal)

Es stellte sich die Frage, wie die neugeschaffenen Führungspositionen der Zielorganisation besetzt werden sollten. Dafür wurde ein mehrstufiger Prozess definiert: Auf den unteren Ebenen sollte als Auswahlinstrument weiter das Assessment Center benutzt werden. Für die oberen beiden Ebenen unterhalb der Geschäftsführung (FK 1 und FK 2) schien es jedoch nicht geeignet.

Um einen einheitlichen und gemeinsamen Entscheidungsprozess für alle Führungskräfte zu gewährleisten und in kurzer Zeit zu validen Ergebnissen zu kommen, entschied sich die DFS-Führung für ein Management Appraisal durch externe Berater. Gefordert waren dabei nicht nur hohe Ergebnisqualität, sondern auch breite interne Akzeptanz.

Nach einem mehrstufigen Auswahlprozess unter verschiedenen Personalberatungen fiel die Entscheidung, gemeinsam mit Egon Zehnder International, ein Management Appraisal der Ebenen 1 und 2 durchzuführen. In einer ersten Pilot-Phase wurden 26 Führungskräfte der Ebene FK1, der ersten Ebene unterhalb der Geschäftsführung, interviewt. In einem zweiten Schritt folgten weitere 67 Führungskräfte der Ebene FK2 sowie einige jüngere Potenzialträger auf dem Sprung in die Ebene FK2. Der Prozess und die Interviews sollten zugleich dafür genutzt werden, ein »Stimmungsbild« des Unternehmens und Meinungen zu wahrgenommenen Stärken und Schwächen der bestehenden Organisation zu gewinnen. Diese Erkenntnisse sollten in die Umsetzung der Zielorganisation mit einfließen. Deshalb konzipierten DFS-Personalmanager gemeinsam mit den Beratern einen Fragebogen, der parallel zu den Interviews an die Führungskräfte verteilt und anonym ausgewertet wurde.

Mit Hilfe der Ergebnisse des Management Appraisals wurde schließlich im Jahr 2001 die Zielorganisation umgesetzt und etabliert. Die Ergebnisse des Management Appraisals trugen wesentlich dazu bei, dass die fälligen Besetzungsentscheidungen in der Geschäftsführung zügig, systematisch und auf der Basis einer neutralen Analyse gefällt werden konnten. Das Appraisal führte zur strukturierten Diskussion über die einzelnen Führungskräfte einschließlich ihrer Stärken und Schwächen, sodass der Besetzungsprozess wesentlich transparenter wurde. Gleichzeitig wurde der Entscheidungsprozess wesentlich beschleunigt, da die Geschäftsführung eine vergleichbare Analyse aller in Frage kommenden Führungskräfte vorliegen hatte. Zudem halfen die Ergebnisse bei der Definition von geeigneten Teamkonstellationen; etwa bei der Besetzung von Geschäftsleitungsgremien der einzelnen Bereiche.

Wichtig: Information und Feedback

Wichtiger Teil des Prozesses und von den Teilnehmern energisch eingefordert war ein Feedback über die Ergebnisse des Appraisals. Unter Beteiligung des jeweiligen Linienvorgesetzten erörterten die Berater mit jedem Interviewpartner sein Kompetenzprofil. Auch wenn dieses des öfteren – entsprechend der kritischen Grundhaltung der DFS-Führungskräfte – kritisch hinterfragt und diskutiert wurde, so war doch die weit überwiegende Reaktion ausgesprochen positiv. »Hier wurde mir erstmalig in meiner beruflichen Laufbahn eine wirklich offene Einschätzung meiner Stärken und Schwächen und damit eine realistische Standortbestimmung gegeben« war eine typische Reaktion.

Neben den aktuellen Besetzungsentscheidungen in der Zielorganisation wurden gemeinsam mit dem HR-Management der DFS weitere Entwicklungsmaßnahmen für jeden einzelnen Teilnehmer definiert und umgesetzt. Insgesamt lieferten die Appraisal-Ergebnisse einen soliden Rahmen, der auch später noch bei vielen Entscheidungen über Personalentwicklungen nützlich sein sollte.

Im kritischen Rückblick auf das Projekt erkannte die DFS-Geschäftsführung die hohe Bedeutung des Prozessschrittes »Informationsphase«. Befürchtungen, Unsicherheiten und Ängste der betroffenen Führungskräfte werden bei Appraisals leicht unterschätzt. Eine gezielte und gründliche Information im Vorfeld ist deshalb unbedingt nötig, denn sonst können Abwehr- und Ablehnungsmechanismen schnell eine unkontrollierbare Eigendynamik entwickeln.

Die Informationsveranstaltung der Geschäftsführer und der Personalberater für alle beteiligten Führungskräfte konnte zwar viele Fragen klären und Transparenz über den Prozess schaffen. Noch besser wäre es aber gewesen, wenn zusätzlich detaillierte schriftliche Informationen für jeden zur Verfügung gestanden hätten. Auch hätte die

Frage »Was passiert mit denen, die nicht optimal abschneiden?« im Vorwege klarer adressiert werden müssen. Wichtig war im Rückblick die frühzeitige Einbindung von Meinungsbildnern und Multiplikatoren innerhalb einer Organisation, wie zum Beispiel dem Sprecherausschuss. Sie sollten rechtzeitig mit dem Instrument, der Zielsetzung und dem Umgang mit den Ergebnissen vertraut gemacht werden.

Bewährt hat sich das kompetente Projektmanagement durch den Personalbereich. Die Projektleiter aus der Personalabteilung waren für die teilnehmenden Führungskräfte und die ausführenden Berater jederzeit ansprechbar. Sie gewährleisteten inhaltliche Kompetenz und eine effiziente Projektorganisation.

»Wir würden heute den Kreis der Teilnehmer noch etwas weiter ziehen und mehr Potenzialträger der dritten Ebene mit einbinden. Aber insgesamt war dieses Projekt auf unserem Weg zum privatwirtschaftlichen Unternehmen ein wichtiger Meilenstein« resümiert Dieter Kaden, Vorsitzender der Geschäftsführung, heute rückblickend. »Wir haben damit entscheidende Weichenstellungen für die Zukunft vorgenommen. Auch wenn wir heute noch nicht die volle Handlungsfreiheit eines privatwirtschaftlichen Unternehmens haben, so fühlen wir uns doch im weltweiten Kreis vergleichbarer Unternehmen sehr gut aufgestellt und gerüstet für die Herausforderungen der Zukunft«.

8.8 Dresdner Bank: Unterstützung des Auswahlprozesses für die neue Struktur des Corporate Banking

Von Ulrich Sieber, Norbert Obladen, Jürgen Vanselow und Stefan Reckhenrich

Ende November 2002 erhielt Egon Zehnder International den Auftrag der Dresdner Bank, für ihren Unternehmensbereich Corporate Banking (Firmenkundengeschäft) eine Kompetenzanalyse des Managements vorzunehmen. Egon Zehnder wurde als neutraler, unabhängiger Berater gebeten, der Leitung des Corporate Banking Empfehlungen für die personelle Neubesetzung der kompletten zweiten Führungsebene vorzulegen. Anlass zu diesem Schritt war der Entschluss der Bank, die Beziehungen zu ihren Firmenkunden nach einem neuen Geschäftsmodell auf eine breitere Basis zu stellen. Die Umstrukturierung – mit neu definierten Aufgaben innerhalb des Corporate Banking – sollte mit der bestmöglichen Mannschaft zum Erfolg geführt werden.

Dresdner Bank Die Beraterbank	Dresdner Bank
Projektfokus	Unterstützung des Auswahlprozesses für die neue Struktur des Corporate Banking Kompetenzanalyse des Managements Empfehlungen für die komplette Neubesetzung der zweiten Führungsebene
Projektumfang	200 Führungskräfte
Projektablauf	Interviews und Abschlusspräsentation innerhalb von einem Monat, 18 Berater involviert

Abbildung 8.8: Dresdner Bank

Unter Handlungsdruck sah sich die Dresdner Bank durch zunehmende Ertragsprobleme in ihrem Firmenkundengeschäft, einer der tragenden Säulen der Bank. Mit einer Analyse der Ursachen machte der Vorstand den Führungskräften und Mitarbeitern transparent, dass das bisherige Geschäftsmodell nicht mehr den Erwartungen der Kunden gerecht wurde: Statt sich auf eine ganzheitliche finanzielle Betreuung einer überschaubaren Anzahl von Unternehmen zu konzentrieren, war die Organisation primär auf den breitflächig angelegten Verkauf standardisierter Finanzprodukte programmiert. An Stelle der Pflege von 60 000 Kundenbeziehungen sollte die Organisation künftig nur noch 10 000 Unternehmen betreuen, diese aber differenziert nach ihren spezifischen Bedürfnissen. Insgesamt fielen von den 2 400 Stellen im Corporate Banking 800 dem Rotstift zum Opfer: Die Zahl der Betreuer wurde von 450 auf 350 reduziert, bei den Führungskräften wurden 50 von 130 Positionen gestrichen.

Neues Geschäftsmodell – schärferes Kompetenzprofil

Entsprechend dem höheren Qualitätsanspruch in der finanzwirtschaftlichen Beratung und Betreuung durch die Bank veränderte sich auch das Anforderungsprofil der Führungskräfte. Wurde ihre Leistung in der Vergangenheit primär nach ihren Verkaufserfolgen bewertet, verlangt das neue Geschäftsmodell von den leitenden Mitarbeitern ein differenzierteres Kompetenzbild. So war es nur konsequent, dass die Bank im Unternehmensbereich sämtliche Führungspositionen zur Disposition und für die Besetzung alle bisherigen Stelleninhaber auf den »Prüfstand« stellte. Ausgenommen vom Prozess waren nur die Leiter der sieben Regionalzentren, von denen aus die Dresdner Bank ihr Firmenkundengeschäft dezentral betreibt. Zusätzlich identifizierte die Bank neben der zweiten Führungsebene 50 Mitarbeiter der nächstfolgenden Hierarchiestufe für das Projekt, die nach interner Einschätzung für eine der zu vergebenden Positionen geeignet erschienen.

Den Entschluss, einen externen Berater einzuschalten, traf die Dresdner Bank aus mehreren Gründen: Vor allem wollte die Bank den betroffenen Mitarbeitern die Sicherheit geben, dass der Prozess, der über ihre weitere berufliche Zukunft entscheiden würde, nach professionellen Regeln fair und transparent ablaufen werde. Gerade weil schon am Beginn des Projekts jeder der Einbezogenen wusste, dass es am Ende zwangsläufig Sieger und Verlierer geben würde, kam es darauf an, bei den Beteiligten Vertrauen in das gewählte Verfahren zu schaffen. Außerdem bestand die Bank bei der Auslese der Besten auf der Einhaltung branchenspezifischer Standards.

Extrem kurze Zeitvorgabe mobilisierte alle Kräfte

Schließlich ging es der Dresdner Bank darum, das mit der Umstrukturierung des Corporate Banking einhergehende Auswahlverfahren in sehr kurzer Zeit abzuschließen. Bereits nach drei Monaten, am 1. März 2003, musste laut Vorgabe die neu formierte Führungsmannschaft an den Start gehen. Das knappe Zeitbudget sollte verhindern, dass während des Appraisals zuviel Unsicherheit in die Organisation getragen würde – mit allen negativen Folgen für das Erscheinungsbild der Bank bei ihren Kunden und dem geschäftlichen Erfolg. Ein straffes, nach objektiven Regeln ablaufendes Verfahren erschwerte es im Übrigen gewieften »Strippenziehern«, Seilschaften und einflussreiche Fürsprecher für sich zu mobilisieren und damit das Prinzip der Chancengleichheit zu unterlaufen.

Ein mit dieser Zeitvorgabe zu bewältigendes Arbeitspensum stellte nicht nur die Bank selber, sondern auch die Berater vor eine große Herausforderung. Immerhin galt es, in rund drei Wochen Interviews mit 200 Managern zu führen. Anschließend musste für jeden Einzelnen von ihnen eine ausführliche Beurteilung samt einer Besetzungsempfehlung präsentiert und am Ende gemeinsam mit dem Klienten die Auswahl der besten Kandidaten vorgenommen werden. Die notwendige Prozesssicherheit wäre kaum zu gewährleisten gewesen, hätten sich das Zehnder-Team, die Projektleitung im Corporate Banking sowie das Personalressort der Dresdner Bank nicht täglich eng miteinander abgestimmt. Vor allem am Beginn der Interviewphase sorgten die morgendlichen Telefonkonferenzen der Projektverantwortlichen dafür, dass vereinzelte Startschwierigkeiten schnell erkannt und überwunden werden konnten.

Für den Erfolg des Projekts kam es entscheidend darauf an, dass die Interviewten von Anfang an Vertrauen in eine externe Überprüfung ihrer Kompetenzen fassten. Dies war nicht selbstverständlich, standen die meisten von ihnen doch zum ersten Mal vor einer solch delikaten Situation. Die Bank behielt sich denn auch ausdrücklich das Recht vor, bei der Zusammensetzung der jeweils aus zwei Beratern bestehenden Interviewteams das letzte Wort zu haben. Wichtig war auch, dass die Regionalverantwortlichen des Corporate Banking gemeinsam mit den Beratern die Kandidaten auf Informationsveranstaltungen mit der Methodik des Management Appraisals vertraut machten, sodass Zweifel und Vorbehalte noch rechtzeitig vor Beginn der »heißen Phase« abgebaut werden konnten.

Die Interviews dauerten im Schnitt zwei Stunden. Als Vorinformationen der Bank standen den Beratern Lebensläufe sowie Darstellungen des derzeitigen Stellenprofils und der erreichten Ergebnisse zur Verfügung. Da allen am Appraisal Beteiligten der Ernst der Sache klar war, kam es vor allem darauf an, durch die Art der Gesprächsführung jedem Einzelnen gerecht zu werden und ihn für den Prozess zu gewinnen. Hierfür gibt es kein Patentrezept. Letztlich war es dem Fingerspitzengefühl und der Erfahrung der Berater überlassen, eine positive, konstruktive Gesprächsatmosphäre zu schaffen, die einen offenen Gedankenaustausch zuließ. Als Einstieg erhielten die Befragten zunächst Gelegenheit, ihrerseits Fragen zum weiteren Ablauf des Verfahrens zu stellen. Zumeist ließen sich die Interviewer dann etwa zehn bis 15 Minuten lang den Lebenslauf und bisherigen Berufsweg ihres Gesprächspartners im Überblick schildern. Erst dann fragten sie nach prägenden Management-Erfahrungen, wie beispielsweise der Bewältigung spezifischer Herausforderungen und kritischer Situationen oder nach dem eigenen Anteil an Erfolgen und Misserfolgen. Dabei interessierten jedoch weniger die vordergründigen Fakten, als vielmehr Hinweise auf zentrale Managereigenschaften, wie Teamfähigkeit, Mitarbeiterführung oder unternehmerisches Denken.

Fester Bestandteil jedes Interviews waren Parallelfragen zu anderen, ebenfalls analysierten Kollegen. Allen an der Vorbereitung des Projekts beteiligten Beratern und Personalmanagern der Bank war von Anfang an klar gewesen, dass ein Einholen von Auskünften über Dritte, zudem über enge Mitarbeiter und auch noch durch Externe, auf Vorbehalte stoßen würde. Anders als in angelsächsischen Firmen, in denen »team evaluation« gang und gäbe ist, gilt es nach deutscher Unternehmenskultur vielfach immer noch als unschicklich, sich über Kollegen zu äußern. Die meisten setzen Fragen über andere per se mit der Aufforderung gleich, ein negatives Urteil abzugeben. Der Vorstand der Dresdner Bank hatte es daher für angebracht gehalten, bereits in seiner schriftlichen Benachrichtigung den Betroffenen anzukündigen, dass Referenzen eingeholt werden würden. Auch die Interviewer machten ihre Gesprächspartner noch einmal darauf aufmerksam, dass es nicht darum gehe, ihre Kollegen »schlecht zu reden«, sondern darüber zu berichten, wie sie diese in ganz konkreten Situationen des Unternehmens erlebt hätten. Trotz dieser Erläuterungen waren sich in der abschließenden Manöverkritik alle Beteiligten einig, dass zu diesem Thema im Vorfeld noch mehr an Aufklärung hilfreich gewesen wäre. Dies umso mehr, als der eine oder andere, dem die ganze Richtung ohnehin nicht so recht passte, an dieser Stelle das willkommene Ventil seines Unmuts gefunden hatte.

Gute Organisationen bestehen nicht nur aus Supermännern

Die Kompetenz eines Managers zu bewerten, bedeutet, ihn an einem bestimmten Leitbild zu messen. Für einen Stärken-Schwächen-Katalog war es daher unerlässlich, für die zu besetzenden Funktionen erst einmal Sollprofile nach dem neuen Geschäftsmodell zu definieren. Nur auf diese Weise konnten die acht dezentral arbeitenden Beraterteams ihre Bewertungen nach einheitlichen Standards vornehmen. Dabei entzündeten sich an der Frage, welche Anforderungen an die Inhaber einer bestimmten Funktion zu stellen sind, zwischen den Bankpraktikern und externen Beratern engagierte Diskussionen. Es konnte nicht darum gehen, eine in jeder Beziehung als überragend idealisierte Führungskraft als Benchmark zu definieren. Vielmehr galt es, vor dem Hintergrund der neuen Strategie, der zukünftigen Struktur und der Anforderungen des Marktes strenge, aber realistische Maßstäbe als Leitbild festzulegen. Es brauchte eine Definition, was denn wirklich etwa einen guten Leiter Geschäftskunden oder Auslandsgeschäft ausmacht, und welche Fähigkeiten in bestimmten Funktionen vielleicht weniger gefragt sind. Denn eine gute Organisation besteht nicht nur aus Supermännern, sondern überwiegend aus vielen guten normalen Mitarbeitern. Ein Schlüssel zum weiteren Fortgang des Projektes lag darin, dass auf einem ganztägigen Workshop Benchmarks beschrieben wurden, von denen auch die Bank am Ende überzeugt war, dass sie so und nicht anders richtig waren.

Über jeden auf seine Kompetenz überprüften Manager gab das Beraterteam als Ergebnis seines Interviews und der bei Kollegen zusätzlich eingeholten Referenzen eine komprimierte Bewertung der festgestellten Stärken und Schwächen ab. Sie mündete in eine konkrete Besetzungsempfehlung, wobei die spezifischen Fähigkeiten und Erfahrungen eines Kandidaten für verschiedene Aufgaben in die Überlegungen einflossen. Auch wenn sich die acht Zehnder-Teams in ihren Bewertungen an einheitlichen Anforderungsprofilen orientierten, war es bei 200 dezentral durchgeführten Interviews zwingend erforderlich, durch Quervergleiche zu garantieren, dass alle Kandidaten nach den selben Kriterien gerecht beurteilt wurden. Schließlich ging es um das berufliche Schicksal verdienter Führungskräfte. Um die notwendige Homogenität der Bewertungen zu garantieren, verglichen die Berater bis zu sechs Mal nach unterschiedlichen Gesichtspunkten die Berichte aller Teams.

Psychologisch wichtig: Schon in den Interviews war allen Kandidaten versichert worden, dass ihre Beurteilung durch die externen Berater noch nicht über die Besetzung ihrer Positionen entscheiden würde. Die Auswahl sollte vielmehr in einem »Besetzungs-Workshop« vorgenommen werden. Hier wurden die bankinternen Einschätzungen und die Erkenntnisse der Berater zusammengeführt, intensiv diskutiert und die Entscheidung vorbereitet. Am Tisch saßen die Chefs des Corporate Banking der Zentrale und der Regionen sowie die für diesen Unternehmensbereich verantwortlichen Personalleiter der Bank und die Kernmitglieder des Beraterteams. Alle bewerteten Führungskräfte wussten also, dass ihr jeweiliger oberster Vorgesetzter Diskussionsteilnehmer und mitverantwortlicher Entscheider war und sein Wort im Zweifelsfall für sie in die Waagschale werfen würde.

Dennoch war die Entscheidung, wer der neuen Führungsmannschaft angehören werde und wer nicht, der heikelste und zugleich schwierigste Teil des gesamten Projekts. Wo es um Menschen geht, sind erfahrungsgemäß auch Emotionen im Spiel. Deshalb musste der Ablauf der eintägigen Sitzung bis ins kleinste Detail geplant werden. Wären die Beratungen ungebremst in endlose Diskussionen oder gar Streitereien ausgeartet, hätte dies für die Bank verheerende Folgen haben können. Nach dem fest vereinbarten Reglement präsentierte zunächst jeder regionale CEO für die eigene Organisation seine Wunschbesetzung. Dabei waren die meisten Nominierungen unstrittig. Die betreffenden Kandidaten hatten auch die Berater überzeugt und waren von ihnen als »hervorragend geeignet« oder »gut geeignet« bewertet worden. Über eine Reihe der vorgeschlagenen Führungskräfte gab es jedoch eine lebhafte, in einigen wenigen Fällen sogar kontroverse Diskussion. Nach den Einzelentscheidungen analysierte die Runde dann noch einmal das Personaltableau jeder einzelnen Region auf seine Ausgewogenheit und Struktur. Am Ende der bis zwei Uhr nachts dauernden Marathonsitzung waren rund 90 Prozent aller Positionen vergeben. Für jene Funktionen, die mit den Bewerbern nicht optimal zu besetzen waren, behielt sich die Bank eine andere Lösung vor.

Heikle Berateraufgabe: Rechtfertigung gegenüber den Kandidaten

Den Beratern war zu jeder Zeit bewusst, dass sie an der Vorbereitung von Entscheidungen mitwirkten, die teilweise tiefe Einschnitte in das Leben von Führungskräften und ihren Familien zur Folge hatten. Jedes für oder gegen einen Mitarbeiter ins Feld geführte Argument musste daher mehrfach abgesichert und belegbar sein. Der auf den Teams lastende Verantwortungsdruck wurde noch dadurch verstärkt, dass sie in den abschließenden Feedback-Gesprächen den Kandidaten ihre Bewertungen detailliert begründen mussten. Zu diesem Zeitpunkt hatte die Bank die personelle Besetzung der Führungspositionen ihres Corporate Banking aber schon verkündet, sodass zu diesen Gesprächen eine größere Zahl von Mitarbeitern erschien, die bereits wussten, dass sie in der neuen Führungsstruktur nicht berücksichtigt worden waren. Im Verlauf des Prozesses trennte sich die Dresdner Bank sogar von 28 Führungskräften.

In den Feedback-Gesprächen erläuterten die Berater den Bankmanagern die Beurteilung. Die meisten Führungskräfte, die die Kriterien für die neu definierten Aufgaben nicht erfüllt hatten, reagierten verständlicherweise enttäuscht. Einige Manager erklärten sich mit Teilaspekten ihrer Beurteilung nicht einverstanden, nur ganz wenige gaben zu erkennen, dass sie sich in dem von ihnen entworfenen Bild überhaupt nicht wiedererkannten. Wichtig für alle Projekt-Verantwortlichen war jedoch, dass gegen das angewandte Verfahren insgesamt kaum jemand prinzipielle Einwände erhob. In den Feedbacks konfrontierten die Berater die betroffenen Bankmitarbeiter aber nicht nur mit bestehenden Defiziten; sie zeigten ihnen vielmehr auch Wege auf, wie sie beispielsweise ihr Führungsverhalten, ihre Rhetorik oder ihren Auftritt verbessern oder bestimmte Fähigkeiten und Begabungen auf andere Weise weiterentwickeln könnten.

Straffe Projektorganisation garantierte den Erfolg

Trotz des enormen Zeitdrucks konnte dank einer straffen Projektorganisation die neu formierte Führungsmannschaft des Corporate Banking ihre Arbeit wie geplant am 1. März 2003 aufnehmen. Die Herausforderungen für die Berater waren nicht alltäglich: das enge Zeitbudget, die besondere Komplexität durch die Interviews, parallel geführt an acht Plätzen, und – last but not least – die allen Teilnehmern stets vor Augen stehenden Konsequenzen des Ausleseverfahrens mit ihren emotionalen Auswirkungen. Es spricht für den Erfolg des Projekts, dass die Dresdner Bank bereits angekündigt hat, nach der Stellenbesetzung nicht einfach zur Tagesordnung übergehen zu wollen. Vielmehr will sie die aus der Potenzialeinschätzung gewonnenen Erkenntnisse über ihre zweite Managementebene für eine gezielte Personalentwicklung nutzen.

8.9 Hella KGaA Hueck & Co.: Im neuen Geist

Von Karin Siegle-Kvarnström

Das Familienunternehmen Hella KGaA Hueck & Co. in Lippstadt hat seit 1993 unter der Federführung des Geschäftsführenden Gesellschafters Dr. Jürgen Behrend entscheidende Veränderungsprozesse durchlaufen. Managementphilosophie und Führungsstruktur haben sich in den 90er Jahren nachhaltig verändert. Aus dem einst zentralhierarchisch geführten Unternehmen, dessen Entscheidungsprozesse bis tief in die operativen Tagesthemen direkt von den persönlich haftenden Gesellschaftern geprägt und gestaltet worden waren, entwickelte sich ein dezentral organisiertes Unternehmen, dessen Einheiten nach dem Grundsatz der unternehmerischen Eigenverantwortung von den jeweils zuständigen Führungskräften verantwortlich geleitet werden. Die Hella-Führung besteht heute aus zwei Komplementären, und zwar aus Dr. Jürgen Behrend und der Hella Geschäftsführungs-GmbH mit sechs familienfremden Managern.

HELLA Ideen für das Auto der Zukunft	Hella KGaA Hueck & Co.
Projektfokus	Analyse von Führungskompetenzen und Potenzial im Rahmen einer Neuausrichtung des Unternehmens
Projektumfang	Circa 160 Führungskräfte der ersten zwei Führungsebenen
Projektablauf	Drei Einzelprojekte innerhalb von einem Jahr

Abbildung 8.9: Hella KGaA Hueck & Co

Als globaler Anbieter von innovativen Produkten und Systemen der Lichttechnik und Elektronik für die Kfz-Industrie gehört die Hella KGaA zu den führenden Adressen der internationalen Automobilzulieferindustrie. Zu den Kunden des Lippstädter Familienunternehmens zählen alle großen Auto- und Systemhersteller sowie der Kfz-Teilehandel. Der konsolidierte Umsatz des Konzerns lag im Geschäftsjahr 2002/03 (31. Mai) bei rund 3 Milliarden Euro. Weltweit sind knapp 23 000 Menschen in 61 Fertigungsstätten, Produktions-Tochtergesellschaften und Joint Ventures in 18 Ländern beschäftigt. Mehr als 1 800 Ingenieure und Techniker arbeiten in Forschung und Entwicklung. Basis für die globale Wettbewerbsfähigkeit in den Kerngeschäftsfeldern Licht, Elektronik und Elektrotechnik ist die kontinuierliche Innovationsfähigkeit aller Mitarbeiter.

Ende 1998 entschied sich die Geschäftsführung für eine umfassende Bestandsaufnahme der Managementqualität in allen Geschäfts- und Zentralbereichen. Es sollte überprüft werden, welche Veränderungen der Übergang von einer zentralistischen zu einer dezentralen Führung bewirkt hatte; wie die Führungskräfte auf den sich verschärfenden internationalen Wettbewerb vorbereitet waren, und ob die Schlüsselpositionen im Unternehmen richtig besetzt waren.

Mit Hilfe eines Management Appraisals wollte Hella

- eine neutrale Analyse der vorhandenen Managementkompetenz vor dem Hintergrund des Wandels durchführen,
- eine Ergänzung zu einer intern erhobenen Potenzialbeurteilung bei Nachwuchskräften erhalten und
- generelle Aussagen zur Führungskultur und zum Selbstverständnis des Managements erheben; dies zur Abrundung einer eigenen Mitarbeiterbefragung über die Unternehmenskultur.

Im Januar 1999 wurden im Rahmen des jährlichen internationalen Führungskräftetreffens in Lippstadt alle Manager ausführlich über den Plan informiert. Der Startschuss zur ersten Runde fiel kurz danach. Bewertet wurden die Führungskräfte der Zentralbereiche Personal, Kaufmännisches Ressort und der Non-Core-Geschäftsbereiche. Die Ergebnisse waren valide und die Reaktionen der einbezogenen Manager überwiegend positiv, sodass die Geschäftsführung im Frühjahr 1999 die zweite Appraisal-Runde startete, die die Geschäftsbereiche Elektronik, Licht und den Handel umfasste. Im vierten Quartal

1999 wurden dann die Führungskräfte in allen internationalen Tochtergesellschaften bewertet. Die Interviews dazu wurden vor Ort in den jeweiligen Landesgesellschaften von einem lokalen Egon- Zehnder-Berater und einem Berater des deutschen Kernteams durchgeführt. Insgesamt wurden rund 160 Manager der ersten, zweiten und dritten Führungsebene evaluiert, sodass schließlich eine flächendeckende Bilanz des oberen Hella-Managements vorlag.

Die Ergebnisse der Appraisals ersetzten Vermutungen durch klare Aussagen und machten deutlich, an welchen Punkten genau der Hebel für Veränderungen angesetzt werden musste. So war das Unternehmen geprägt von einer – in mittelständisch geführten Familiengesellschaften nicht unüblichen – hohen Fachkompetenz und starker Ziel- und Ergebnisorientierung. Das war nicht überraschend, war doch in der Vergangenheit Fachkompetenz der Erfolgsgarant für eine Karriere bei Hella. Defizite waren dagegen klar zu erkennen in der unternehmerischen Orientierung und im bereichsübergreifenden Denken sowie bei der Internationalität.

Der traditionelle, hierarchische Führungsstil galt zwar nicht mehr, doch er hatte das Management und dessen Haltungen nachhaltig beeinflusst. Viele Manager gehörten schon sehr lange zum Unternehmen und waren vor und nach dem Führungswechsel 1993 in gleicher oder ähnlicher Funktion tätig gewesen. Unternehmerisches Denken unterhalb der Geschäftsführungsebene war lange weniger gefragt gewesen. Langjährige Erfahrung und detaillierte Kenntnisse des Unternehmens hatten allemal mehr Gewicht. Der strategische Veränderungsprozess war vom Management zwar erfasst, aber in seinen Konsequenzen noch nicht wirklich verinnerlicht und umgesetzt worden. Die Führungskräfte hatten die geänderten Anforderungen wohl erkannt, lebten sie aber nicht hinreichend und setzten sie noch ungenügend in konkrete Handlungen um.

Neben der Kompetenzanalyse umfasste das Bild auch eine Aggregation hinsichtlich des identifizierten Management Potenzials und des Benchmarkings der Führungskräfte in ihren Aufgaben. Damit konnten besonders positiv ausgeprägte Bereiche, aber auch solche identifiziert werden, die deutliche Potenzialdefizite aufwiesen oder im Benchmarking nicht vollständig überzeugten. Daraus ergab sich unterschiedlicher Handlungsbedarf für die verschiedenen Geschäfts- und Funktionsbereiche.

Die Ergebnisse, sowohl in aggregierter Form als auch als Einzelberichte pro Führungskraft, wurden der Geschäftsführung übermittelt. Die Führungskräfte erhielten ein individuelles Feedback in Einzelgesprächen. Ihre Vorgesetzten waren dabei grundsätzlich anwesend. Zu einem überwältigenden Teil fand das Feedback hohe Zustimmung und setzte konstruktive Entwicklungen in Gang. In einer Unternehmenskultur, in der Rückmeldungen bisher nicht üblich gewesen sind, war das ein lehrreicher Prozess. Unterstützung erhielten die Führungskräfte vor allem von der Geschäftsführung und der Führungskräfteentwicklung, die das Follow-up begleiteten.

Die Hella-Manager haben in den Jahren nach dem Appraisal viel erreicht. Dazu zählt insbesondere, dass das Unternehmen seinen Umsatz mit nahezu der gleichen Zahl von Mitarbeitern, aber mit einer veränderten Führungs- und Organisationsstruktur um fast ein Drittel steigern konnte. Unternehmerische Eigenverantwortung und das entsprechende Engagement der Führungskräfte sind bei Hella als wichtige Kompetenzen inzwischen fest verankert.

8.10 Lekkerland-Tobaccoland GmbH & Co. KG: Den alten Strukturen entwachsen

Von Christian Berner und Stephan Buchner

Es sind meist nur die ganz Großen, die mit Fusionen in gigantischen Dimensionen von sich reden machen. Weniger spektakulär, aber genauso wichtig ist, dass der Trend zur Konzentration längst auch Branchen und Unternehmen erfasst hat, die im öffentlichen Bewusstsein immer noch als klein – und mittelständisch strukturiert wahrgenommen werden. So ein Fall ist die Lekkerland-Tobaccoland GmbH & Co. KG mit Sitz in Frechen bei Köln. Die jüngere Historie des Unternehmens ist geprägt von ständigen Zusammenschlüssen auf regionaler Ebene. Vorerst letzter Schritt war die Fusion von Lekkerland und Tobaccoland am 1.1.1999. An dem neuen Unternehmen sind die ehemaligen Lekkerland-Gesellschafter mit 74,9 Prozent beteiligt. Dieser Anteil wird von fünf Holdings gehalten, die aus den ehemaligen operativ tätigen Regionalzentralen hervorgegangen sind. Die restlichen Anteile gehören der Austria Tabak AG.

LEKKERLAND tobaccoland	Lekkerland-Tobaccoland GmbH & Co. KG
Projektfokus	Entwicklung eines Managemententwicklungskonzeptes und damit Überprüfung der Managementqualität und des -potenzials vor dem Hintergrund einer strategischen und organisatorischen Neuausrichtung
Projektumfang	16 Führungskräfte auf der ersten und zweiten Führungsebene inkl. der Geschäftsführer
Projektablauf	Interviews innerhalb von vier Wochen in 2002

Abbildung 8.10: Lekkerland-Tobaccoland GmbH & Co. KG

Entstanden ist so der führende Convenience-Händler in Europa. Im Jahr 2002 erzielte Lekkerland-Tobaccoland Deutschland einen Umsatz von 7,3 Milliarden Euro und beschäftigte rund 5 100 Mitarbeiter. Zu den 70 000 Kunden der Lekkerland-Tobaccoland gehören Kioske, Tankstellenshops, Tabakwarengeschäfte, Getränkemärkte, Kaufhäuser, Lebensmittelmärkte und Bäckereien, Kantinen und Convenience-Stores. Diese können mit mehr als 15 000 Artikeln beliefert werden: mit Tabak- und Süßwaren, Getränken, Snacks, Fast Food, frischen Backwaren sowie Telefonkarten und Non-Food-Artikeln. Ein flächendeckendes Netz an Niederlassungen und ein professionelles Transportmanagement garantieren einen 24-Stunden-Service nach Bestellung.

In den Jahren nach der Fusion sind die Funktionen der ehemaligen Regionalzentren, die bisher die operative Arbeit geleistet hatten, schrittweise auf die Unternehmenszentrale übertragen worden. Auch andere, vordem dezentrale Aufgaben wurden zusammengefasst. Aus stark mittelständisch geprägten und teilweise von den Gesellschaftern selbst geführten Firmen war so in relativ kurzer Zeit ein Unternehmen mit Konzerncharakter entstanden. In der neu geschaffenen Organisation wurden strukturelle, prozessorientierte und kulturelle Veränderungen notwendig. Das favorisierte Organisationsmodell war eine Matrix. Das bedeutete gegenüber der bisherigen Funktionalstruktur erhebliche Umstellungen für alle Mitarbeiter. Darunter durften aber der normale Geschäftsbetrieb und die hohe Dienstleistungsqualität nicht leiden.

Durch die Zentralisierung waren zudem bedeutende Funktionen entstanden, die hohe Anforderungen an die Qualität und das Potenzial der damit betrauten Führungskräfte stellten. Bei einigen Führungskräften handelte es sich um »Eigengewächse«, die in den früheren Regionalzentren erfolgreich gearbeitet hatten und im Zuge der Fusion wichtige Zentralfunktionen übernommen hatten. Die Unternehmensleitung entschloss sich deshalb zu einem Management Appraisal der ersten und zweiten Führungsebene der Lekkerland-Tobaccoland Deutschland. Ziele waren die systematische und neutrale Analyse der Kompetenzen der Führungskräfte, die Einschätzung des zukünftigen Managementpotenzials sowie ein Benchmarking der einzelnen Personen und der Organisation. Die Erkenntnisse aus dem Appraisal sollten das Fundament einer Führungskräfte-Entwicklungsplanung bilden, die es bis dahin nicht gegeben hatte.

Einbezogen in diesen Prozess wurden zunächst die 16 ranghöchsten Führungskräfte von Lekkerland-Tobaccoland. Dazu gehörten auch die Geschäftsführer und der neu in die Organisation eingetretene Vorsitzende der Geschäftsführung. Diese Gleichbehandlung gab einen Vertrauensschub auch bei jenen Führungskräften, die dem Verfahren mit Skepsis begegneten. Viele der Handelsmanager waren bis zu diesem Zeitpunkt noch nie mit einem detaillierten und konstruktiv-kritischen Feedback zu ihren Leistungen konfrontiert worden. Strukturierte Mitarbeitergespräche wurden nicht systematisch durchgeführt. Dementsprechend gab es für das mittlere und obere Management der Lekkerland-Tobaccoland auch kein Personalentwicklungskonzept, weder individuell und erst recht nicht auf der Unternehmensebene.

Etwas unsicher, aber auch mit Spannung sahen die Lekkerland-Tobaccoland-Führungskräfte dem Prozess und seinen Ergebnissen entgegen. In verschiedenen Kick Off-Meetings, an denen immer auch die Geschäftsführer teilnahmen, wurde sehr intensiv und offen über die Zielsetzung, aber auch die möglichen Ergebnisse eines Management Appraisals informiert und diskutiert. Wesentliche Argumente für das Appraisal waren, dass es sich um eine faire Analyse durch neutrale Dritte handelte, die Ergebnisse in einem persönlichen Feedback kommuniziert werden würden und damit auch das Fundament für die persönliche Weiterentwicklung der einzelnen Führungskräfte gelegt werden sollte.

Nach dieser gründlichen Vorbereitung verliefen die Appraisal-Gespräche in sehr vertrauensvoller Atmosphäre. In intensiven Einzeldiskussionen äußerten die Führungskräfte ihre Ansichten zu Unternehmenskultur, -struktur und -prozessen. Darunter waren viele wertvolle Hinweise für die Geschäftsführung. Aus ihrer Unsicherheit angesichts der vielen organisatorischen Veränderungen machten die meisten kein Hehl. Besonders Schnittstellenprobleme in der Matrix und unklare Anforderungsprofile in den neu geschaffenen Funktionen wurden häufig genannt. Das Management Appraisal hat allerdings auch zu Tage gefördert, welche Führungskräfte der Matrixorganisation positiv gegenüber stehen und sich gut darin zurecht finden können. Diese Erkenntnisse führten zu entsprechenden personellen und auch strukturellen Veränderungen auf der ersten und zweiten Führungsebene von Lekkerland-Tobaccoland.

Das aggregierte Kompetenzprofil aller Führungskräfte hat gezeigt, dass die Lekkerland-Tobaccoland-Manager fachlich sehr fit sind und den Markt genauestens kennen. Darüber hinaus identifizieren sie sich stark mit dem eigenen Geschäft und auch der neu entstandenen Organisation. Im Unternehmen herrschte eine sehr hohe Teamorientierung, die sich in einem freundschaftlichen und kooperativen, fast familiären Umgang miteinander ausdrückte. Darin einbezogen waren nicht nur Kollegen auf der gleichen Ebene, sondern alle Mitarbeiter; ein Erbe der mittelständischen Herkunft von Lekkerland-Tobaccoland.

Diese vertraute Nähe hat allerdings auch dazu geführt, dass kaum konstruktive Kritik untereinander oder an Mitarbeitern geübt wurde. Über den eigenen Bereich hinaus engagierten sich zu wenige Führungskräfte bei übergreifenden Themen. Die Entscheidungsorientierung war nicht stark genug. Und es fehlte an der einen oder anderen Stelle an konzeptioneller und strategischer Kraft, um überzeugende Zukunftskonzepte zu entwickeln.

Diese klar identifizierten Schwächen waren mit ein Auslöser für die Erarbeitung eines unternehmensweiten Managemententwicklungskonzeptes, mit dem künftig Führungskräfte individuell gefördert werden. Ein neu eingestellter HR-Manager, der direkt an den Vorsitzenden der Geschäftsführung berichtet, hat einen systematischen Prozess für eine regelmäßige Mitarbeiterbeurteilung in Gang gesetzt. Darüber hinaus wurde auch ein besonderer Fokus auf neue zukunftsorientierte Konzeptentwicklungen und -umgebungen gelegt, was zum Beispiel auch zu neuen Produkt-/Marktsegmenten wie Telekommunikationsdienstleistungen führte.

Nach den positiven Erfahrungen aus diesem ersten Management Appraisal nutzte Lekkerland-Tobaccoland dieses Instrument auch, um in der europäischen Lekkerland Organisation eine Standortbestimmung hinsichtlich der Managementqualität und des Managementpotenzials vorzunehmen. Beurteilt wurden alle Geschäftsführer der jeweiligen Tochtergesellschaften der Lekkerland Europa Holding. Die Ergebnisse helfen nun beim Aufbau einer europaweiten Lekkerland Organisation und entsprechenden Nachfolgeregelungen.

8.11 mg technologies: Mehr Spielraum für neue Strategien

Von Ferdinand Steves und Norbert Sack

Die mg technologies ag, vormals Metallgesellschaft AG, ist ein traditionsreiches, global agierendes, inhomogenes Konglomerat von Hochtechnologiefirmen. Derzeit sind diese in den Industriebereichen Maschinen- und Anlagenbau und Chemie tätig. Viele Einzelunternehmen weisen eine nachhaltig hervorragende Performance und Marktposition auf. Einige aber, wie beispielsweise der Großanlagenbau, agieren auch in sehr schwierigen Märkten. Nach den finanziellen Schwierigkeiten der Metallgesellschaft im Jahre 1993 sanierte der seinerzeit neu berufene Vorstandsvorsitzende Kajo Neukirchen das Unternehmen und baute es in den Folgejahren erheblich um. Ein besonders wichtiger Schritt war im Jahr 1999 der Kauf der GEA. Gerade die GEA, aber auch die bereits seit 1992 zum Konzern gehörende Dynamit Nobel sind geprägt durch dezentrales Unternehmertum. Unter der straffen

mg	mg technologies
Projektfokus	Erfassung des Meinungsbildes der Führungskräfte zur Unternehmenssituation und Review der TOP-Managementkompetenzen
Projektumfang	Mehr als 50 Führungskräfte der ersten zwei Ebenen
Projektablauf	Ein Projekt in 2003 innerhalb von sechs Wochen mit zwei weiteren Runden

Abbildung 8.11: mg technologies

Führung Neukirchens verfeinerte und intensivierte die mg-Holding ihre zentralen Controlling- und Steuerungssysteme deutlich.

Nach dem Rücktritt Neukirchens im April 2003 leitete sein Nachfolger Udo Stark erneut eine Phase weit reichender Veränderungen ein, die zu einer tiefgreifenden strategischen Fokussierung auf das Geschäftsfeld Spezialmaschinenbau mit dem Schwerpunkt Prozesstechnik und Komponenten sowie dem Großanlagenbau führte. Im Hinblick auf diese Neuausrichtung ist bereits heute die Führungsmannschaft in der mg technologies-Gruppe signifikant umgebaut worden.

In diesem Umfeld stellten sich dem Vorstand der mg technologies im Sommer 2003 verschiedene grundlegende Fragen:

- Wo steht die mg technologies und in welche strategische Richtung muss sie sich entwickeln?
- Was erwarten die Führungskräfte, wohin sich die mg technologies entwickeln wird/soll?
- Entspricht das Portfolio der Managementkompetenzen den mit einer neuen strategischen Positionierung und einem sich verändernden Marktumfeld verbundenen Herausforderungen?
- Wie gut passen die Kompetenzen der einzelnen Führungskräfte zu den mit ihrer jeweiligen Position verbundenen Anforderungen?
- Welche Erwartungen haben der Führungskräfte an ihre berufliche Weiterentwicklung?

Zugleich sollte den Führungskräften – als den Leistungsträgern des Konzerns – die Sicherheit gegeben werden, dass diese Fragen im Rahmen eines möglichst professionellen, strukturierten und unpolitischen Entscheidungsprozesses erörtert würden.

Ein Mosaikstein dazu war ein Strategic Board Review, den Egon Zehnder International zusammen mit den gut 50 obersten Führungskräften des Gesamtkonzerns mg technologies durchführte. Ein wichtiges Ziel war, wie bei einem »üblichen« Management Appraisal, ein Review der Managementkompetenzen: Es galt, das Portfolio der Führungsfähigkeiten zu beurteilen, Potenziale im Management zu identifizieren und die Eignung der jeweiligen Führungskraft in Bezug auf ihre Position einzuschätzen sowie die Erwartungen der Führungskräfte an ihre persönliche Weiterentwicklung zu erfassen. Darüber hinaus waren die Meinungen der Führungskräfte zur Situation des Unternehmens gefragt: Wo steht das Unternehmen? Welche Chancen, welche

Herausforderungen gibt es? Welche strategischen und organisatorischen Optionen gibt es für die Zukunft? Welche operativen Themen müssen angegangen werden?

Für das Projektvorgehen bedeutete dies, dass ein kleines Team von Egon- Zehnder-Beratern mit allen Führungskräften jeweils zweistündige Businessgespräche führte. Darin stand weniger der persönliche Werdegang der jeweiligen Führungskraft im Vordergrund, als vielmehr die strategische Situation und die Herausforderungen an die mg technologies wie auch an den Verantwortungsbereich der jeweiligen Führungskraft.

Die Ergebnisse des Strategic Board Reviews umfassten also sowohl strategische und organisatorische Aspekte als auch solche der Managementkompetenz. Deutlich wurde dabei der eklatante Widerspruch zwischen der starken unternehmerischen Kultur, die in vielen der einzelnen dezentralen Geschäftsbereiche meist über viele Jahre hinweg gewachsen war, und der in den vergangenen Jahren entstandenen zentralistischen Steuerungs- und Controllingkultur, die die mg-Holding ausgeübt hatte. Nahezu alle Führungskräfte der verschiedenen Geschäftsbereiche zeigten sich durchaus bereit, sich an unternehmerischen Zielen und Ergebnissen messen zu lassen, fühlten sich aber durch zentrale »Querbeet«-Vorgaben in ihrem unternehmerischen Handeln eingeschränkt. In Extremfällen igelten sich die Verantwortlichen in ihrem Bereich ein; ein Verhalten, das einem weiteren Zusammenwachsen des Konzerns hinderlich war. Gleichzeitig verdeutlichte diese Erkenntnis aber das erhebliche unternehmerische Potenzial, das eine neue Führungskultur in der mg technologies von oben freisetzen kann.

Des weiteren brachte der Board Review zu Tage, dass in der Führungsmannschaft der mg technologies sowohl horizontal als auch vertikal deutlich weniger offene Kommunikation stattfand als dies in anderen, vergleichbaren Konzernen der Fall ist. Deshalb hatten die Führungskräfte in manchen Bereichen nicht nur sehr unterschiedliche Vorstellungen davon, wohin sich die mg technologies strategisch entwickeln sollte, sondern auch ihre Erwartungen darüber, welche strategischen Entscheidungen wohl fallen würden, differierten stark. Somit half das Projekt dem Konzernvorstand, Erwartungshaltungen und mögliche Reaktionen von Führungskräften auf strategische Entscheidungen zu antizipieren.

Auch zu Fragen der Organisation lieferte der Strategic Board Review einige wertvolle Ansatzpunkte. So stellten die Führungskräfte in manchen Bereichen die Holdingstrukturen in Frage.

Der Review der Managementkompetenzen ergab für die mg technologies ein im Vergleich zu anderen Unternehmen insgesamt starkes Portfolio mit insbesondere guten geschäftsoperativen Fähigkeiten; etwa bei der Durchsetzungsfähigkeit, Zielorientierung, Ergebnisorientierung sowie der Markt- und Kundenorientierung. Dieses Ergebnis spiegelte die Erfolgstradition von Unternehmen im GEA- und Dynamit Nobel-Verbund wider, zeigte aber auch den Einfluss der mg technologies in ihrem hohen Anspruch an finanzielle Performance und Konsequenz in der Umsetzung.

Unter den Einzelkompetenzen überraschte insbesondere die interkulturelle Sensitivität, obwohl der Konzern für ein global erfolgreich agierendes Unternehmen einen eher geringen Anteil an ausländischen Führungskräften auf den obersten Ebenen hat. Auch hatte nur ein vergleichsweise geringer Anteil der deutschen Führungskräfte einen längeren Auslandsaufenthalt absolviert. Dennoch bewegen sich die Führungskräfte sicher auf internationalem Parkett. Das schließt aber Verbesserungsmöglichkeiten durch eine verstärkte Internationalisierung der Führungskräfte, auch durch verstärkte Rotationen junger Manager in ausländischen Führungsgesellschaften nicht aus.

Allerdings wurden im Unternehmen auch Bereiche identifiziert, in denen ein im externen Benchmarking zu hoher Anteil von Führungskräften sich nur sehr eingeschränkt für seine Aufgaben eignete. Häufig waren dies jene Bereiche, in denen in den vergangenen Jahren eine hohe Fluktuation auf den betreffenden Positionen stattgefunden hatte. Vielleicht könnte das Ergebnis als Auswirkung eines gewissen Aktionismus seitens der mg-Holding interpretiert werden.

Interessant war, dass nur ein geringer Anteil der mg-Führungskräfte das kurzfristige Potenzial für eine signifikant größere Verantwortung zeigte. Auch dieses Ergebnis könnte ein Symptom für die in manchen Bereichen hohe Fluktuation unter den Führungskräften sein und die damit verbundene Notwendigkeit, Nachwuchstalente rasch in größere Verantwortungen zu befördern.

Wie sonst bei einem Management Appraisal-Projekt üblich, wurde auch bei diesem Strategic Board Review die jeweilige Einschätzung der Eignung der Führungskraft und ihrer Stärken und Schwächen von einem der interviewenden Egon-Zehnder-Berater im Rahmen eines Feedbacks der jeweiligen Führungskraft erläutert. Das Feedback setzte ein deutliches Zeichen, dass die Entscheidungen des mg-Vorstandes, insbesondere zu personellen Fragen, durch einen professionellen und unparteiischen Prozess unterstützt wurden. In dem einen oder anderen Fall ergaben sich auch konkrete Anstöße zur persönlichen und beruflichen Weiterentwicklung der jeweiligen Führungskraft.

Zusammenfassend lässt sich sagen, dass der Zeitpunkt bei der mg technologies kurz vor dem Start massiver strategischer, organisatorischer und personeller Veränderungen ideal gewählt war für ein Tool wie den Strategic Board Review: Der – zum Teil – neue Vorstand erhielt nicht nur Aufschlüsse über das Potenzial der Managementkompetenzen im Konzern, sondern auch Anregungen für mögliche strategische oder organisatorische Veränderungen und wichtige Informationen über die Erwartungshaltung der obersten Führungskräfte des Konzerns. Zudem konnte der Strategic Board Review dazu beitragen, dass sich die oberen Führungskräfte der mg technologies vom neuen Umgangsstil des mg-Vorstands überzeugen konnten.

8.12 Siemens: Dem Konzernumbau voraus

Von Pamela Knapp, Tilman Gerhardt und Jörg Ritter

Mit einer Angebotspalette, die sich von Glühbirnen bis zu Kraftwerken spannt, die IT-Dienstleistungen ebenso umfasst wie den Aufbau ganzer Telekom-Netze, weist der Siemenskonzern ein außergewöhnlich komplexes und heterogenes Produkt- und Leistungsspektrum auf. Für die Unternehmensführung bedeutet dies, dass höchst unterschiedliche Geschäftsstrukturen weltumspannend in Einklang gebracht werden müssen. Führungskräfte sehen sich in diesem Umfeld mit scheinbar widersprüchlichen Anforderungen und Organisationsstrukturen konfrontiert: Sie müssen unternehmerisch handeln und sollen zugleich die Interessen des gesamten Konzerns im Auge behalten. Sie sollen selbstständig und eigenverantwortlich in ihrem Verantwortungsbereich exzellente Ergebnisse erzielen und sich komplexen Konzernstrukturen anpassen. Sie müssen sich die hohen Qualitätsansprüche des Unternehmens in Bezug auf Technologie und Innovation zu eigen machen und sich gleichzeitig weltläufig, marketing- und vertriebsorientiert in unterschiedlichen Märkten und Kulturkreisen bewegen.

SIEMENS	Siemens Group
Projektfokus	Im Wesentlichen Merger-, Benchmarking- und Restrukturierungssituationen
Projektumfang	Mehr als 500 Führungskräfte in circa 20 Projekten
Projektablauf	Unabhängige Projekte seit 1997

Abbildung 8.12: Siemens Group

Zudem sollen sie die richtige Balance finden zwischen markt- und technologiegetriebener Dynamik und der nötigen Kontinuität, die das Unternehmen seiner Größe und wirtschaftspolitischen Verantwortung schuldet.

Siemens hat sich, was außerhalb des Konzerns oft gar nicht so deutlich wahrgenommen worden ist, in den vergangenen Jahren stark verändert; nicht mit spektakulären Paukenschlägen, dafür rational, diszipliniert und auf lange Sicht angelegt. Fast geräuschlos wurde etwa Mannesmann VDO übernommen und erfolgreich integriert. Das Produktportfolio ist bereinigt worden: Unter anderem wurden acht Geschäftsfelder an ein Private Equity Unternehmen verkauft. Zahlreiche Divisions sind umgebaut worden. In den Vorstand ist inzwischen eine neue Generation an Top Executives eingezogen.

Es gehört zur Unternehmenstradition von Siemens, die eigenen Führungskräfte zu bewerten und zu entwickeln. Im Siemens Leadership Framework etwa ist weltweit verbindlich festgelegt, nach welchem Prinzip im Konzern geführt wird (Dialog und Commitment), in welchen Ergebniskategorien die Leistung der Führungskräfte gemessen wird (Finanzen, Mitarbeiter, Kunden, Prozesse) und welche Fähigkeiten diese brauchen (drive, focus, impact, guide). Die erzielten Ergebnisse beeinflussen wesentlich Gehälter und bestimmen mit den individuellen Fähigkeiten das Entwicklungspotenzial im Konzern. Jährlich werden die Potenzialträger und Inhaber der Schlüsselfunktionen einem Siemens Management Review unterzogen, in dem ihre Leistungen und Fähigkeiten sowie ihr Entwicklungspotenzial besprochen werden. Zentraler Bestandteil der Weiterbildung aller Führungskräfte ist das vierstufige »Siemens-Management-Learning«-Programm. Es dient dem systematischen Aufbau von Kompetenzen für angehende Führungskräfte bis hin zum Top-Manager. Die Arbeit erfolgt in interkulturellen Teams an strategischen, geschäftsrelevanten Projekten.

Trotz des ausgefeilten eigenen Programms zur Führungskräfteevaluierung entschloss sich Siemens, in ausgewählten Projekten die Expertise externer Partner in Form von Management Appraisals zu nutzen. Besonders bei den Zukäufen erwiesen sich diese als hilfreich. Zwar waren die eigenen Führungskräfte bekannt, nicht aber jene der »Gegenseite«. »Wir wenden Management Appraisals insbesondere in Merger-Situationen weltweit an, um uns über das ›zugekaufte‹ Management einen objektiven Überblick mit Hilfe eines externen Beraters zu verschaffen. Dabei ist es für uns wichtig, dass der Berater das Siemens interne Top-Management und die Führungs- sowie Unternehmenskultur des Hauses Siemens kennt, um über Integrationsschwerpunkte des erworbenen Managements kompetent und professionell Auskunft geben zu können«, erläutert Prof. Dr. Edward G. Krubasik, Zentralvorstand der Siemens AG und Aufsichtsratsvorsitzender von Siemens VDO Automotive sowie der Siemens Dematic AG, die Intention seines Konzerns.

Bei allen Übernahmen wurden sowohl die Führungskräfte des übernommenen Unternehmens evaluiert als auch die eigenen, in deren Tätigkeitsbereich der Neuzugang eingegliedert werden sollte. Daraus ergab sich ein einheitliches Raster, das Entscheidungen zur Organisationsstruktur und Besetzung unterstützte und vorbereitete. Dank dieser Gleichbehandlung konnte der Konzern Vertrauensboni sammeln. Die übernommenen Führungskräfte fühlten sich fair behandelt und wertgeschätzt. Sehr häufig waren die Appraisals so terminiert, dass die Ergebnisse zeitgleich zu den Siemens Management Reviews im Februar/März vorlagen und mit den eigenen Einschätzungen verglichen wurden.

Seit 1997 hat Egon Zehnder International konzernweit mehr als 20 Management Appraisals durchgeführt, in denen insgesamt über 500 Führungskräfte evaluiert wurden. Beispielhaft sollen drei Projekte kurz beschrieben werden, die einige der wichtigen Facetten abdecken:

1. Merger zwischen Siemens Automotive und Mannesmann VDO,
2. Post Merger Integration bei Siemens Building Technologies,
3. Benchmarking bei Siemens Business Services

1. Merger zwischen Siemens Automotive und Mannesmann VDO

Für die Siemens Automotive VDO sollten weltweit jeweils 45 Führungskräfte aus den Ursprungsunternehmen bewertet werden. In erster Linie sollte das Management Appraisal objektive Grundlagen für die Besetzung der Führungspositionen in der neuen Organisation liefern. Zudem erhofften sich die Verantwortlichen wertvolle Hinweise für die Struktur der neuen Siemens Automotive VDO. Diese stand zu diesem Zeitpunkt noch nicht fest. Es ging also darum, die Stärken und Schwächen der einzelnen Manager in ihrer aktuellen Aufgabe zu erkunden und Führungskräfte anhand von klar definierten Anforderungsprofilen für die Positionen in der neuen Organisation auszuwählen.

Hoch interessant waren die Eigenheiten der jeweiligen Unternehmenskultur, die die Management Appraisals offenbarten. So waren bei Siemens Automotive vor allem unternehmerisch agierende Generalisten ge- und befördert worden. Die Strukturen von Mannesmann VDO wirkten eher funktional und fachorientiert. Einmal erkannt, konnten diese Unterschiede und ihre individuellen Ausprägungen in der neuen Organisation berücksichtigt werden. Das Anforderungssoll jeder Position wurde mit den tatsächlichen Profilen der möglichen Kandidaten abgeglichen. Was sich dabei an Lücken auftat, wurde mit konkreten Entwicklungsmaßnahmen so schnell wie möglich gefüllt.

Insgesamt konnte Siemens mit sich und seiner Neuerwerbung durchaus zufrieden sein. Sowohl bei Aufgabenerfüllung und Potenzial als auch hinsichtlich der Kompetenzen lagen die Manager beider Firmen deutlich über dem Industriedurchschnitt und überzeugten im Vergleich zur gesamten Automotive Industry ebenfalls. Die Siemens-Manager unterschieden sich kaum von ihren Mannesmann VDO-Kollegen hinsichtlich der durchschnittlichen Gesamtkompetenz. Damit war klar, dass die neuen Stellen mit Kandidaten aus beiden Unternehmen besetzt würden. Nur für zwei Schlüsselpositionen auf den ersten beiden Ebenen mussten schließlich externe Führungskräfte gesucht werden. Diese Entscheidung der Siemens-Führung war durch die Ergebnisse des Appraisals gut fundiert. Kontroverse Diskussionen erübrigten sich.

Manager und Strukturen von Siemens Automotive VDO haben ihre Bewährungsprobe inzwischen bestanden. In kurzer Zeit ist der notwendige Turnaround gelungen. Siemens Automotive VDO wird von den Wettbewerbern und den Automotive-OEMs ernst genommen. Auch innerhalb des Konzerns genießt der Automotive-Bereich hohes Ansehen und wachsende Bedeutung. Sein Innovationstempo gilt als beispielhaft.

2. Post Merger Integration bei Siemens Building Technologies

Siemens Building Technologies (SBT) ist 1998 aus Konzernteilen der Siemens-Gruppe und der Schweizer Elektrowatt Gruppe entstanden. Hier sind alle Produkte und Dienstleistungen der Gebäude-Automatisierung zusammengefasst. Von den 13 Siemens-Bereichen ist SBT der einzige mit einem Headquarter außerhalb Deutschlands, nämlich in Zürich. Anders als in fast allen anderen Siemens-Bereichen ist das Geschäft von SBT flächen- und sehr lokalorientiert. Verantwortlich dafür sind die Manager der weltweit 600 Branch Offices. Sie agieren selbstständig und unabhängig voneinander. Die Integration der unterschiedlichen Unternehmenskulturen wurde dadurch erschwert.

Zwei Management Appraisals machten Schwachstellen und deren Ursachen im Integrationsprozess sichtbar: Im Jahr 2001 waren dafür die Regionalmanager evaluiert worden. 2003 folgte die Bewertung der Führungskräfte in der Zentrale und in den Group Functions. Dabei zeigte sich: Weil die einzelnen Unternehmensteile nicht wirklich zusammengewachsen waren, blieben sie von den jeweils alten Firmenkulturen und entsprechendem Konkurrenzdenken geprägt. Die Bereitschaft, über die Grenzen der früheren Elektrowatt-Firmen hinweg intern zusammenzuarbeiten und zudem sich in den Siemens-Konzern einzuordnen, musste verbessert werden.

Zusätzlich: Es gab zwar eine Kernmannschaft von überzeugenden operativen Leistungsträgern, zu der rund die Hälfte der SBT-Führungskräfte gehörte, aber zu wenig strategisches Potenzial für die Zukunft.

Zwar sind SBT-Führungskräfte und -mitarbeiter in fast jedem Land der Erde vertreten. Dennoch war ihre interkulturelle Sensitivität relativ niedrig. Wie in keinem anderen Bereich von Siemens machen hier lokale Manager das Geschäft, die zwar ihren Heimatmarkt bestens kennen, aber keine internationale Erfahrung haben und nur bedingt in der Lage sind, effizient grenzüberschreitend in einem Konzern zusammenzuarbeiten.

Die Ergebnisse dieser Management Appraisals deckten sich in hohem Maße mit den internen Eindrücken und halfen, diese zu validieren und daraus die entsprechenden Maßnahmen abzuleiten.

3. Benchmarking bei Siemens Business Services

Siemens Business Services ist ursprünglich ein »Spaltprodukt« der vormaligen Siemens Nixdorf Informationssysteme AG. Als diese in »Produkte« und »Dienstleistungen« untergliedert wurde, war der Grundstein für den Bereich IT-Dienstleistungen von Siemens gelegt. Kontinuierlich kamen weitere Einheiten hinzu, so insbesondere die bisher eigenständige IT-Services-Gesellschaft sowie weitere Bereiche von anderen Siemens-Geschäftsgebieten, die ihre IT an Siemens Business Services übertrugen. Die jeweiligen Mitarbeiter wurden zu Siemens Business Services versetzt.

Von Beginn an war es eine besondere Herausforderung für die Führung von Siemens Business Services, bei so viel Verschiedenartigkeit eine eigene Identität und ein stimmiges Geschäftsmodell zu entwickeln. Diesem Ziel hat sich mit Nachdruck Paul A. Stodden verschrieben, der Ende 2001 als neuer Vorsitzender des Bereichsvorstands das Ruder bei Siemens Business Services übernahm. Unter seiner Leitung wurde die geschäftliche Positionierung und das Geschäftsmodell zukunftsorientiert gestaltet und vor allem auch die innere Ausrichtung auf gemeinsame Werte sowie eine klare Zielrichtung (»Mission« und »Vision«) vorangebracht. Im Geschäftsjahr 2002 wurde als Ergebnis eines vom gesamten Management getragenen »Fünf-Punkte-Programms« der Turnaround geschafft.

Bereits Ende 1999 waren in einem ersten Projekt fast die gesamte erste Führungsebene und ausgewählte Führungskräfte aus der zweiten Ebene in einem Management Appraisal evaluiert worden. Es war untersucht worden, wie sich die Integration der Führungskräfte aus anderen Siemens-Geschäftsbereichen entwickelt hatte und wie sie im Vergleich mit den Managern anderer Unternehmen zu bewerten waren.

Die Ergebnisse wurden anschließend in einem Siemens Management Review mit dem Konzernvorstand und dem Bereichsvorstand diskutiert. Wichtigste Ergebnisse: Fast alle Führungskräfte konnten in ihren Aufgaben bestätigt werden, und sie brauchen den Vergleich mit Marktstandards nicht zu scheuen. Allerdings fehlten unterhalb der Ebene der Geschäftsführung einige herausragende Führungspersönlichkeiten, die – zwar klein in der Anzahl, aber groß in der Wirkung – Siemens Business Services ein unverwechselbares Profil geben konnten. Zudem waren viele Führungskräfte zwar exzellente Spezialisten in ihrem Fachgebiet, die unternehmerischen Qualitäten waren aber nicht immer in gleicher Weise entwickelt.

Damit war die Marschrichtung für die kommenden Jahre klar: Es galt, die unternehmerische Ausprägung der Führungskräfte zu stärken und herausragende Führungspersönlichkeiten zu entwickeln oder zu akquirieren, sei es intern im Konzern oder von außerhalb des Unternehmens.

2002 folgte ein weiteres Management Appraisal für 40 Führungskräfte, die am ersten Durchgang nicht teilgenommen hatten. Es war spannend zu erfahren, ob und was sich in den drei vergangenen Jahren verändert hatte. Ein erster Hinweis für den Erfolg der neuen Organisation und Führungskräfteentwicklung: Die durchschnittliche Gesamtkompetenz der Manager von Siemens Business Services war im Vergleich zum ersten Appraisal klar gestiegen. Offenbar, weil gezielt Führungskräfte in der Regel aus anderen Geschäftsbereichen des Siemens-Konzerns eingestellt worden waren, die die im ersten Appraisal entdeckten Defizite ausgleichen konnten.

Nachdem im zweiten Management Appraisal nur ein Teil des Managements der internationalen Einheiten evaluiert worden war, entschloss sich Siemens Business Services wenig später, das Management aller großen Landesorganisationen zu begutachten. Evaluiert wurden Führungskräfte auf der ersten und zweiten Ebene.

Ein Beraterteam, zusammengesetzt aus einem Consultant, der an den Management Appraisals im Headquarter teilgenommen hatte, und einem Berater aus dem jeweiligen Land, führte die Appraisal-Interviews in den einzelnen Landesorganisationen. Die Erfahrungen der Berater aus der Zentrale kombiniert mit detaillierten lokalen Kenntnissen lieferten zusätzliche Informationen. So zeigte sich in einem konkreten Fall, dass neue Strukturen wenig bewirkten, sondern dass nur personelle Konsequenzen die Wende zum Besseren bringen würden. In kaum sechs Wochen zeigten sich positive Wirkungen in Bezug auf strategisch ausgerichtete Geschäftsentwicklung und verstärkte Kundenorientierung.

Die Vielzahl der MA-Projekte, die Siemens in den vergangenen Jahren absolviert hat, zeigt, welchen Wert der Konzern diesem Instrument zur Bewertung seiner Führungskräfte beimisst. Ausdrücklich aber versteht und benutzt das Unternehmen Management Appraisals nicht als alleinige Analysemethode, sondern als zusätzlichen Baustein zu seinen internen Maßnahmen, als eine von vielen Facetten in der Beurteilung seiner Topmanager.

8.13 Trumpf Gruppe: Potenzialeinschätzung von Nachwuchsführungskräften

Von Gerhard Rübling und Tilman Gerhardt

Die Trumpf-Gruppe gehört zu den Weltmarktführern in der Fertigungstechnik. Selbst in den 90er Jahren, in denen viele Maschinenbaufirmen große Schwierigkeiten hatten, wuchs Trumpf mit jährlich zweistelligen Raten bei ebenfalls zweistelliger Profitabilität. Höchste Qualitätsstandards, konsequente Kundenorientierung und ständige Innovationen haben das Unternehmen in diese hervorragende Wettbewerbsposition gebracht. Seine Erfolge erzielt das Familienunternehmen aus Ditzingen deshalb nicht nur im traditionell größten Geschäftsfeld Werkzeugmaschinen, sondern insbesondere mit der stark wachsenden Lasertechnik. Hier ist Trumpf technologisch weltweit führend.

> **D**as Management Appraisal durch einen neutralen Dritten ermöglicht uns ein Benchmarking mit dem externen Markt: Wie gut sind unsere Führungskräfte im Vergleich zu den besten in unserer Industrie?
>
> Prof. Berthold Leibinger, Vorsitzender der Geschäftsführung, TRUMPF GmbH + Co. KG

TRUMPF	TRUMPF Gruppe
Projektfokus	Benchmarking von Nachwuchsführungskräften
Projektumfang	20 Nachwuchsführungskräfte aus verschiedenen Unternehmensbereichen
Projektablauf	Pilotprojekt und nachfolgend Einzelfall bezogene Appraisals

Abbildung 8.13: TRUMPF Gruppe

Obwohl das Unternehmen inzwischen weit mehr als eine Milliarde Euro jährlich umsetzt, davon zwei Drittel außerhalb Deutschlands, hat es sich seine ganz eigene Firmenkultur erhalten. Sie ist das starke Fundament, auf das sich bei aller Dynamik und Innovation die Kontinuität in der Organisation gründet. Trumpf ist ein familiengeführtes und familiengeprägtes Unternehmen. Prof. Berthold Leibinger, viele Jahrzehnte lang Vordenker und Lenker der Gruppe, hat strenge unternehmerische Führung mit hoher gesellschaftlicher Verantwortung verwoben. Diese Prinzipien sind auch heute noch gültig. Technische Exzellenz ist für jede Führungskraft die conditio sine qua non. Aber sie allein reicht nicht. Wer bei Trumpf Leitungsverantwortung trägt, muss höchste Anforderungen an ethisch-moralische Maßstäbe erfüllen. Diese drücken sich in Integrität, Loyalität und sozialem Verantwortungsbewusstsein aus. Hinzu kommen eine gelebte Offenheit und ein verinnerlichtes Prinzip des lebenslangen Lernens.

Das setzt eine frühe und nachhaltige Prägung voraus. Trumpf hat in den vergangenen Jahren deshalb nur sehr selektiv Führungskräfte von außen eingestellt. Lieber hat das Unternehmen auf junge Akademiker gesetzt, diese schnell entwickelt und teilweise sehr jung in beträchtliche Führungsaufgaben befördert. Das erstaunliche Wachstum gelang also fast ausschließlich mit Hilfe eigener Führungskräfte.

Die anhaltenden Erfolge waren für die Unternehmensleitung dennoch kein Grund, sich selbstgefällig zurückzulehnen. 1998 beschloss die Geschäftsführung ein Management Appraisal von ausgewählten Führungskräften. Beantwortet werden sollten damit vor allem folgende Fragen: Sind wir wirklich so gut, wie wir glauben? Wie sind unsere Nachwuchsführungskräfte für die Zukunft gerüstet? Wie schneiden sie ab, verglichen mit internationalen Standards? Wo können wir uns noch weiter verbessern?

Ein Benchmarking und die Potenzialabschätzung von 20 Nachwuchsführungskräften aus den verschiedenen Geschäftsbereichen standen im Fokus des ersten Pilotprojektes. Dass es sich hierbei um eine positive Selektion handelte, wurde durch die Ergebnisse bestätigt: Die aggregierte Analyse dieser Nachwuchsführungskräfte identifizierte fast alle als Potenzialträger. Sie wären in der Lage gewesen, innerhalb kurzer Zeit weit anspruchsvollere Aufgaben zu übernehmen. Ebenso hielten sie fast alle dem Vergleich zu externen Standards stand. Es hätten keine externen Kandidaten gefunden werden können, die in wesentlichen Punkten eine signifikant höhere Aufgabenerfüllung vorweisen könnten. Unter der Voraussetzung, dass die ausgewählten Manager repräsentativ für den Trumpf-Führungsnachwuchs sind, hat sich somit die Führungskräfteentwicklung der Gruppe als erfolgreich erwiesen.

Das insgesamt starke Kompetenzprofil unterstreicht die Potenzialaussage und stimmt mit den Werten und der Firmenkultur überein. Nur in einer von zwölf Kategorien zeigte das aggregierte Kompetenzprofil aller evaluierten Nachwuchsführungskräfte ein Defizit: bei der interkulturellen Erfahrung. Das ist zwar, gemessen an den relativen Anforderungen in der Aufgabe, nämlich dem hohen Anteil des internationalen Geschäfts bei Trumpf, nicht nebensächlich, dürfte aber der Tatsache geschuldet sein, dass die bewerteten Manager noch sehr jung waren. Denn gleichzeitig wiesen die Trumpf-Führungskräfte eine hohe Sensibilität gegenüber Fremdem auf.

Verglichen mit ähnlichen Positionen bei anderen Unternehmen schnitten die Trumpf-Manager bei fast allen Kompetenzen leicht besser und in manchen Fällen sogar deutlich über dem Benchmark ab. Neben der schon genannten Sensibilität gegenüber Fremdem waren insbesondere die Ergebnisorientierung und die Veränderungskompetenz stark ausgeprägt. In der Ergebnisorientierung spiegelt sich die Kombination aus unternehmerischem Denken mit einem Selbstverständnis von Disziplin, Fleiß und Pflichtbewusstsein wider. Alle Führungskräfte wurden als hoch motiviert eingestuft, im Rahmen ihres Entscheidungsspielraums einen Beitrag und Mehrwert für ein übergeordnetes, unternehmerisch ausgerichtetes Ziel zu leisten.

Die Veränderungskompetenz reflektiert das Prinzip des lebenslangen Lernens, das in der Trumpf-Gruppe fest verankert ist. Verbunden ist es mit dem Streben nach höchster Qualität und Kundenzufriedenheit. Zwar waren alle Führungskräfte in hohem Maße technisch motiviert, hatten aber immer das übergeordnete Ziel vor Augen und schafften es, die Liebe zur Technik in Nutzen umzuwandeln. Die Sensibilität gegenüber Fremdem steht für die im Unternehmen vorgelebte Offenheit und die Pflege von Tugenden wie Aufrichtigkeit, Bescheidenheit und Höflichkeit.

Wenn bei den Trumpf-Managern strategische Kompetenz und innere Unabhängigkeit bis hin zum »kreativen Ungehorsam« nicht im Vordergrund stehen, überrascht das nicht, da in einem familiengeführten Unternehmen sowohl die Strategie als auch die Rahmenbedingungen tendenziell stärker von der Geschäftsführung vorgegeben werden als bei Publikumsgesellschaften. Der Spielraum für eigene strategische Erwägungen ist geringer, die entsprechende Kompetenz bei den Führungskräften weniger gefordert.

Wie die Manager Verantwortung über ihren eigenen Bereich hinaus übernehmen und damit mehr zum Gesamterfolg des Unternehmens beisteuern könnten, wurde in vielen der anschließenden Feedback-Gespräche diskutiert. Beteiligt an diesen Gesprächen waren neben der jeweiligen Führungskraft und den Beratern auch die zuständigen Geschäftsführer. Schon bei dieser Gelegenheit wurden zum Teil Entscheidungsprozesse in Gang gesetzt, die dazu führten, die in das Appraisal einbezogenen Führungskräfte in ihrer bestehenden oder einer vergleichbaren Aufgabe weiter zu fördern und die identifizierten Potenziale zu entwickeln. Einige Manager wurden umgehend mit anspruchsvolleren Aufgaben betraut, die sie vor völlig neue Herausforderungen stellten.

Die positiven Erfahrungen aus dem Pilotprojekt führten dazu, dass Trumpf in verschiedenen Besetzungsfragen und Nachfolgeplanungen immer wieder auch Berater bei der Entwicklungsvorbereitung hinzuzog. Die Ergebnisse der Appraisals erweiterten in jedem Einzelfall die Entscheidungsgrundlage. Sie untermauerten meist die interne Einschätzung, führten aber auch dazu, dass wichtige Personalentscheidungen gelegentlich überdacht und modifiziert wurden.

8.14 Vattenfall Europe AG: Vier Kulturen unter einem Dach

Von Udo Bekker und Christoph Müser

Die Öffnung und Liberalisierung vieler europäischer Energiemärkte bot dem schwedischen Staatskonzern Vattenfall Mitte der 90er Jahre die Chance, zu einem der führenden Versorgungsunternehmen in Europa aufzusteigen. Neben Norwegen und Polen konzentrierte sich Vattenfall dabei auf Deutschland als interessanten Markt und auf deutsche Energieversorger als Kaufobjekte.

1999 gelang der Einstieg in den deutschen Markt mit einer zunächst 25-prozentigen Beteiligung an der HEW in Hamburg. Im Jahr 2000 unterzeichnete Vattenfall mit E.ON einen Vertrag über den Erwerb der Mehrheit an der Bewag, der aber zunächst am Widerstand des anderen Großaktionärs Mirant und am Berliner Senat scheiterte. Dafür gelang im gleichen Jahr die Mehrheitsübernahme bei der HEW sowie der Kauf von Veag und Laubag. Aus den Neuerwerbungen –

VATTENFALL	Vattenfall Europe AG
Projektfokus	Analyse von Führungskräften (aus VEAG, HEW, LAUBAG, BEWAG) zur Unterstützung der Führungskräfteentwicklung und der Auswahl für ausgeschriebene Vattenfall Europe-Positionen; Erarbeitung und Implementierung eines neuen Management Development-Systems „Vattenfall Competence Management (VCM)“
Projektumfang	Über 350 Führungskräfte der ersten drei Führungsebenen
Projektablauf	Diverse Projekte entlang der neuen Organisationsstruktur des Konzerns im Zeitraum 2002 - 2004

Abbildung 8.14: Vattenfall Europe AG

alle mit unterschiedlichen Schwerpunkten und Kulturen – musste nun ein neuer Konzern gebildet werden, der ab Ende 2001 auch die Bewag einbezog, die Vattenfall nach langem Tauziehen schließlich erfolgreich übernehmen konnte.

Der so entstandene Unternehmensverbund beschäftigte etwa 22 000 Mitarbeiter und realisierte einen konsolidierten Umsatz von rund 8,8 Milliarden Euro. Sehr zügig besetzte Vattenfall die Geschäftsführungen und Vorstände der zukünftigen Geschäftseinheiten sowie die rund 20 wichtigsten Managementposten der zweiten Ebene der Holding. Denn neben der anstehenden Integration musste das Tagesgeschäft koordiniert weitergehen. Gleichzeitig sollte ein umfangreiches Programm zur Kostensenkung Einsparmöglichkeiten identifizieren und umsetzen. Angesichts dieser komplexen Anforderungen beschloss der Holdingvorstand, die zuvor ausgewählten Führungskräfte der zweiten Ebene noch einmal von neutraler dritter Seite auf ihr Potenzial hin untersuchen zu lassen. Daraus sollten dann bei Bedarf konkrete Entwicklungsmaßnahmen abgeleitet werden.

In einem umgehend angesetzten Appraisal konnte Egon Zehnder International dem Vorstand von Vattenfall Europe die Eignung seiner Führungskräfte für die anstehenden umfangreichen Aufgaben weitgehend bestätigen. Gleichzeitig brachte das Appraisal aber auch individuell auf den Punkt, wo Manager hier und da spezielle Defizite hatten, die mit entsprechenden Entwicklungsmaßnahmen behoben werden konnten, oder wer sich gar bei entsprechender Förderung für noch anspruchsvollere Aufgaben eignete.

Die Vattenfall-Führung war von den Ergebnissen dieser ersten Evaluierungsrunde so überzeugt, dass sie sich entschloss, alle Führungskräfte der zweiten und dritten Ebene beurteilen zu lassen. Außerdem erhielten die Berater das Mandat, bei der Neubesetzung von Positionen mitzuwirken. Im Laufe der Jahre 2002 und 2003 interviewten die Consultants von Egon Zehnder International rund 330 Führungskräfte des Energiekonzerns.

Trotz ihrer langjährigen Erfahrung stellte das Appraisal bei Vattenfall Europe die Berater vor eine besondere Herausforderung. Die Integration von vier Unternehmen gleichzeitig war in der deutschen Wirtschaftsgeschichte in dieser Komplexität bisher einmalig. In den Gesprächen mit den Führungskräften mussten die Berater jeweils die unterschiedlichen Kulturen der beteiligten Unternehmen berücksichtigen und durften trotzdem die angestrebte zukünftige Ausrichtung des neuen Konzerns nicht aus den Augen verlieren. Die Consultants hatten die Kompetenzen und Potenziale mehrerer Kandidaten gegeneinander abzuwägen und sollten eine klare Empfehlung aussprechen. Weil es den Beratern gelang, hier glaubwürdig neutral und unabhängig zu agieren, wurden die Neubesetzungen breit akzeptiert.

Da die Firmenleitung sich bei einigen Positionen aber schon auf bestimmte Kandidaten festgelegt hatte, mussten diese Interviews mit anderer Zielsetzung geführt werden. Die gesetzten Führungskräfte wurden in erster Linie im Hinblick auf ihr Potenzial evaluiert. Hier wiesen die Berater auf die notwendige Förderung hin und schlugen bei Bedarf Entwicklungsmaßnahmen vor.

Das für den Konzern wohl nachhaltigste Resultat der Appraisals wirkt allerdings viel weiter. Im Verlauf des Jahres 2002 wuchs nämlich bei Vattenfall Europe der Wunsch, die aus den Interviews gewonnenen Erkenntnisse nach Abschluss des Projekts nicht einfach zu den Akten zu legen. Die Firmenleitung hatte erkannt, dass die Neustrukturierung des Unternehmens die einmalige Chance bot, neue, einheitliche Maßstäbe zu setzen. Das Kompetenzmodell von Egon Zehnder International, das seine Tauglichkeit in den ersten Appraisals bewiesen hatte, schien ein solides Fundament, um darauf eine eigene Methode zur Bewertung der Vattenfall-Manager und ein Programm zur Führungskräfteentwicklung aufzubauen.

Im engen Austausch mit den EZI-Beratern und nach intensiven internen Diskussionen identifizierte eine übergreifende Arbeitsgruppe rund 70 wichtige Kompetenzausprägungen bei den vier Ursprungsunternehmen. Diese wurden zum »Vattenfall Europe Competence Model« (VCM) mit insgesamt zwölf Kompetenzen in vier Dimensionen verdichtet. Das Kompetenzmodell steht in enger Verbindung zu den zentralen Werten von Vattenfall Europe: Offenheit, Verlässlichkeit sowie Wirksamkeit und Leistungsbereitschaft. Die regelmäßige Einschätzung von Kompetenzen und Potenzialen der Vattenfall-Manager ist künftig die Basis für ein konzernweites Programm zur Führungskräfteentwicklung. Den Grundstock an Daten lieferten die externen Appraisals. Da sie weitgehend vor der Realisierung von VCM stattgefunden hatten, mussten sie erst auf das neue Modell »umgebaut« werden.

Kompetenzen und Potenziale der Führungskräfte sind künftig auch die Ausgangsbasis für viele andere Maßnahmen des Personalmanagements von Vattenfall Europe. Ein Team von HR-Verantwortlichen hat inzwischen zu den Aufgabenfeldern

- Personalplanung
- Nachfolgeplanung
- (externe) Rekrutierung
- Evaluierung
- Entwicklung

neue, konzernweit gültige und getragene Prozesse definiert, die jetzt eingeführt werden.

9. Wie es nach dem Appraisal weitergeht – Ein Ausblick

Alle Fragen gestellt, alle Feedback-Gespräche geführt und danach wieder zurück zur Tagesordnung – das geht nicht! Mag das eigentliche Management Appraisal auch beendet sein, so markiert es nicht den Schlusspunkt, sondern den Anfang einer Entwicklung. Der Aufwand, der für ein Appraisal von allen Beteiligten getrieben worden ist, schürt Erwartungen. Wie wird es für die einbezogenen Manager jeweils weitergehen? Was wird sich insgesamt in der Organisation ändern? Deshalb sollten sich die Entscheidungsträger im Unternehmen nicht erst nach Abschluss solcher Projekte, sondern besser schon zu deren Beginn die Frage stellen, was sie mit den gewonnenen Ergebnissen anfangen wollen.

> **W**ir sind davon überzeugt, dass der erhebliche Aufwand, den ein Management Appraisal mit sich bringt, sich am Ende rechnet – sofern der Erkenntnis Taten folgen. Wenn es bei der Analyse bleibt oder es von vornherein kein klares Commitment zur Umsetzung gibt, sollte man kein Management Appraisal angehen. Für uns hieß das konkret: Wir haben in den betroffenen Bereichen die Hälfte unserer Führungsmannschaft umgesetzt und ein neues Qualifikationskonzept erstellt. Jede Führungskraft hat im Schnitt an zwei individuellen Qualifikationsmaßnahmen in den für uns wichtigen Kompetenzen teilgenommen. Das kam auch bei unseren Kunden gut an: In Befragungen haben sie uns in vielen Disziplinen deutliche Fortschritte bescheinigt.
>
> Wolfgang Chur, Mitglied der Geschäftsführung, Robert Bosch GmbH

Sie sollten überlegen, wie sich die Schlussfolgerungen eines Management Appraisals in die vorhandenen Maßnahmen des Unternehmens zur Führungskräfteentwicklung einbetten lassen; welche speziellen Angebote an den Einzelnen sinnvoll scheinen, um ihn bei seiner weiteren Entwicklung als Führungskraft zu unterstützen. Die in ein derartiges Projekt eingebundenen Manager erwarten von ihrem Unternehmen zu Recht, nicht allein gelassen zu werden, sondern fordern einen zielgerichteten, professionellen Umgang mit ihren festgestellten Stärken und Schwächen.

Nach unserer Meinung sollte das Instrument Management Appraisal deshalb als integraler Bestandteil eines ganzheitlichen Ansatzes der Führungskräfteentwicklung verstanden werden. Schließlich ist das einer der wichtigsten Vorzüge des Appraisals: Es liefert nicht nur Erkenntnisse über individuelle Dispositionen, sondern einen Anknüpfungspunkt für die zielgerichtete Entwicklung des Einzelnen oder ganzer Teams.

In der Tat erlangt ein derartiger umfassender Ansatz unter der Bezeichnung »Talent Management« seit einiger Zeit immer größere Bedeutung. Oft wird dafür auch der Begriff »Senior Talent Management« gewählt, der verdeutlicht, dass es hier nicht um die Förderung von Berufsanfängern bei den ersten Schritten auf der Karriereleiter geht, sondern um die Nutzung und Weiterentwicklung der Begabungen von erfahrenen Führungskräften.

Es wäre kurzsichtig, solche Konzepte in der derzeitigen wirtschaftlich und für den Arbeitsmarkt äußerst angespannten Lage für überflüssig zu halten. Denn nur vordergründig hat sich die Situation gewandelt: Während die Unternehmen Ende der 90er Jahre in Zeiten vermeintlich unbegrenzten Wachstums im »War for Talent« um begabte Führungskräfte auf einem boomenden Arbeitsmarkt kämpfen mussten, waren sie in der jüngsten Vergangenheit mit dem Abbau von Personalüberhängen beschäftigt, fokussierten sich auf rigide Kosteneinsparungsprogramme und konnten sich vielfach vor einer Flut von Initiativbewerbungen hoch qualifizierter Führungskräfte kaum mehr retten.

Trotz dieser veränderten Rahmenbedingungen aber klagen Firmen und Konzerne heute mehr denn je über Schwierigkeiten, Top-Talente für anspruchsvolle Führungsaufgaben zu finden oder wichtige Leistungsträger zu halten. Diese aber sind entscheidend für künftige Erfolge. Die Unternehmen wissen, dass Spitzenkräfte deutlich höhere Ergebnisse abliefern als durchschnittliche Führungskräfte.

Zudem erzeugen Führer wieder Führer. Unternehmen mit einem eigenen Pool an hochkarätigen Managern für Spitzenpositionen haben in der Regel weniger Probleme, die geeigneten Nachfolger für alle wichtigen Führungsaufgaben bis hinauf zum CEO zu finden; intern wie extern. Unternehmen dagegen, denen exzellente Manager fehlen, werden sich zunehmend schwerer damit tun, überhaupt qualifizierte Talente anzuziehen. Solche Firmen verdammen sich selbst auf Dauer zum Mittelmaß.

Studien belegen: Einer der Hauptfaktoren, um Top-Talente zu binden, ist der Grad, in dem sie sich gefordert und gefördert fühlen und neue Wege ausprobieren können. Potenzialstarke Führungskräfte nannten »berufliche Entwicklungschancen« und ein Gefühl der »Wertschätzung« als jene zwei Schlüsselfaktoren für ihre Entscheidung, ihrem Unternehmen treu zu bleiben. Wer also die Entwicklung dieser hervorragenden Leute vernachlässigt, wird sie über kurz oder lang an die Konkurrenz verlieren.

Viele Unternehmen über nahezu alle Industrien hinweg haben das erkannt und messen der professionellen Entwicklung ihrer Führungskräfte große Bedeutung bei.

»Talent Management« ist dabei zu verstehen als:

- Instrument zum Beziehungsmanagement zwischen dem Unternehmen und seinen besten Führungskräften. Dieser Ansatz ist vergleichbar mit dem des inzwischen weit verbreiteten, speziellen Managements der Beziehung eines Unternehmens zu seinen Kunden, dem so genannten Customer Relationship Management. Es geht sowohl beim Talent Management als auch beim Customer Relationship Management darum, über den gesamten Lebenszyklus einer solchen Beziehung hinweg mit maßgeschneiderten Lösungen das Optimum für beide Seiten zu erzielen.
- Instrument, das den gesamten Entwicklungszyklus eines Top-Performers in einer Organisation abbildet, von seiner Gewinnung und Einstellung, über seine Entwicklung und langfristige Verankerung bis hin zur Beurteilung und Anerkennung durch das Unternehmen.
- Instrument, mit dem die Unternehmen jederzeit einen genauen Überblick über die vorhandenen Talente im Haus haben. Die Firmen können in jedem Bereich und in jeder Funktion die Leistungsträger benennen. Damit wissen sie automatisch, ob sie für die gewählte Strategie bereits die richtigen Leute an Bord haben, oder wo sie noch Lücken füllen müssen. Wichtig ist, dass es dabei nicht um

Performance-Management, also um den aktuellen Leistungsstand der einzelnen Manager geht. Vielmehr meint Talent Management das Management von Potenzialen: Welche Fähigkeitsreserven stecken noch in dieser oder jener Führungskraft?

Natürlich ist die genauere Ausprägung dessen, was ein Unternehmen unter Talent Management versteht, je nach Industrie, Unternehmenssituation und -entwicklung unterschiedlich. Es lassen sich allerdings einige Themenbereiche als besonders erfolgskritisch und regelmäßig wiederkehrend identifizieren.

Beurteilung und Feedback als wiederkehrende Elemente

Unternehmen sind zunehmend bemüht, auf Management Appraisal-Projekte eigene, regelmäßig genutzte Beurteilungsinstrumente für Führungskräfte aufzusetzen. Verfahren wie etwa Performance Review oder 360°-Feedback knüpfen in ihren Beurteilungsparametern an das jeweilige Kompetenzmodell an, das im Rahmen des Management Appraisals die Grundlage für die Beurteilung der Führungskräfte gebildet hat.

Die zumeist jährlich, gelegentlich aber auch halb- und vierteljährlich wiederkehrende Beurteilung des einzelnen Managers gibt diesem die Gelegenheit, Entwicklungsnotwendigkeiten bei einzelnen seiner Kompetenzausprägungen zielgerichtet in Angriff zu nehmen. Das Resultat seiner Bemühungen kann er durch Rückkopplung seiner Vorgesetzten, Mitarbeiter und Kollegen unmittelbar überprüfen. Auch hier ist für den Erfolg dieser Instrumente von entscheidender Bedeutung, dass das Verfahren, die Beurteilungskriterien und Ergebnisse für den Betroffenen fair, transparent und nachvollziehbar sind. Ebenso wichtig ist die Pflege einer offenen, fairen und professionellen Feedbackkultur, die grundsätzlich alle Führungskräfte des Unternehmens – unabhängig von deren Funktion oder Titel – mit einbeziehen sollte.

Entwicklungsfortschritte planen und anerkennen

Die Erkenntnisse interner Beurteilungsverfahren sollten in enger Abstimmung mit dem Vorgesetzten und der Personalabteilung diskutiert und mit konkreten, das Unternehmen wie den Einzelnen bindenden

Entwicklungsmaßnahmen verknüpft werden. Nur, wenn es dem Unternehmen gelingt, den einzelnen Manager mit seinen jeweiligen Kompetenzausprägungen bei seiner weiteren Entwicklung fordernd und fördernd zu begleiten, kommt eine für beide Seiten sinnvolle Entwicklungsspirale in Gang. Nach unseren Erfahrungen setzen die Unternehmen bei den Entwicklungsmaßnahmen noch viel zu häufig auf Seminarangebote externer Anbieter, die damit werben, Kompetenzdefizite schnell und sicher zu beheben. Hier müssten die Unternehmen selbst kreativer werden und ihren Führungskräften sowohl vertikale als auch horizontale Entwicklungsmöglichkeiten in der Organisation anbieten.

Die Bedeutung solcher Verfahren wird nicht zuletzt dadurch unterstrichen, dass das Unternehmen die Verbesserung einzelner Kompetenzausprägungen in die Zielvereinbarungen des einzelnen Managers mit einfließen und damit zu einem wichtigen Bestandteil der variablen Vergütung werden lässt. Dabei ist Geld durchaus nicht die einzige Form möglicher Anerkennung, sobald diese Ziele erreicht werden. Wenn talentierte Führungskräfte, wie schon beschrieben, sich ihrem Unternehmen vor allem durch interessante berufliche Herausforderungen oder Entwicklungschancen verbunden fühlen, dann sollten Unternehmen ihrerseits eine Wertschätzung zeigen: durch attraktive Weiterbildungsangebote, interessante Auslandsstationen, mehr Mitarbeiterverantwortung, anspruchsvolle Projektaufgaben oder eine höhere Position im Unternehmen. Davon haben beide Seiten etwas. Die Führungskraft fühlt sich in ihrer Leistung und in ihren Fähigkeiten anerkannt. Das Unternehmen profitiert von besserer Performance und höheren Ergebnissen seines Managers.

Wichtig ist außerdem, dass die Unternehmensleitung eine Kultur schafft und pflegt, in der sich topdown Vorgesetzte jeweils als Mentoren und Coaches der ihnen unterstellten Führungskräfte verstehen. Sichtbare Anerkennung erfahren diejenigen Senior Manager, die besonders aktiv und erfolgreich die Entwicklung ihrer Führungskräfte vorantreiben.

Perspektiven aufzeigen

Um dem Einzelnen mittelfristig aufzuzeigen, welche beruflichen Entwicklungschancen sich ihm bieten, sollten die Anforderungsbeschreibungen der Toppositionen und die Voraussetzungen für deren Neubesetzung ebenfalls basierend auf Kompetenzen beschrieben und mit bestimmten Zielparametern versehen werden. So hat der einzelne Manager die Möglichkeit, je nach Ausprägung seines Kompetenzprofils gemeinsam mit seinem Vorgesetzten und der Personalabteilung einen Abgleich vorzunehmen, ob und für welche Position seine Bewerbung in Betracht kommen könnte.

Welche Folgemaßnahmen ein Unternehmen auch immer wählen mag: Wichtig ist, dass Kompetenzmodelle, individuelle Entwicklungsmaßnahmen, Nachfolge- und Retentions-Pläne für alle Mitarbeiter des Unternehmens transparent und im Hinblick auf die strategische Zielrichtung des Unternehmens nachvollziehbar sind.

Dabei spielt eine entscheidende und häufig unterschätzte Rolle, dass Talent Management nicht zuletzt von den jeweiligen Geschäftsführern oder Vorständen eines Unternehmens selbst überzeugend vorgelebt werden muss. Jeder Vorgesetzte muss sich als »Champion für Dritte« messen lassen und seinen Beitrag zur Talententwicklung kritisch hinterfragen. Nur wenn sich die Unternehmensleiter den Wert des Talent Managements für die Entwicklung des gesamten Unternehmens klar machen, ausreichende Ressourcen dafür bereitstellen und relevante Fragestellungen mit entsprechender Unterstützung und Aufmerksamkeit begleiten, kann die Kompetenz basierte Führungskräfteentwicklung jene Bedeutung gewinnen, die sie nach unserer Überzeugung verdient.

Weitere Autorinnen und Autoren

An diesem Buch haben neben Dr. Tilman Gerhardt und Dr. Jörg Ritter als Autoren mitgewirkt:

Dr. Peter Baltensperger	Dr. Egon Zehnder & Partner AG
Udo Bekker	Vattenfall Europe AG
Christian Berner	Lekkerland-Tobaccoland GmbH & Co. KG
Dr. Stephan Buchner	Egon Zehnder International GmbH
Dr. Volker Christians	Egon Zehnder International GmbH
Manfred Engelking	Axa Konzern AG
Dr. Michael Ensser	Egon Zehnder International GmbH
Dr. Stefan Fischhuber	Egon Zehnder International GmbH
Andreas Gräf	Egon Zehnder International GmbH
Andreas Graf von Arnim	Berliner Verkehrsbetriebe (BVG)
Dr. Nicolas Graf von Rosty-Forgách	Egon Zehnder International GmbH
Dr. Johannes Graf von Schmettow	Egon Zehnder International GmbH
Jürgen Hartwig	DFS Deutsche Flugsicherung GmbH
Dr. Philippe Hertig	Dr. Egon Zehnder & Partner AG
Joachim Kayser	Deutsche Post World Net AG
Pamela Knapp	Siemens AG
Dr. Brigitte Lammers	Egon Zehnder International GmbH
Dr. Dirk Mundorf	Egon Zehnder International GmbH
Dr. Christoph Müser	Egon Zehnder International GmbH
Norbert Obladen	Dresdner Bank AG
Dr. Ulf Püschel	Egon Zehnder International GmbH
Dr. Stefan Reckhenrich	Egon Zehnder International GmbH
Arnd Roselieb	Egon Zehnder International GmbH
Dr. Gerhard Rübling	Trumpf Werkzeugmaschinen GmbH & Co. KG

Dr. Norbert Sack	Egon Zehnder International GmbH
Holger Sepp	Deka Investment GmbH
Ulrich Sieber	Dresdner Bank AG
Karin Siegle-Kvarnström	Egon Zehnder International GmbH
Gary Steel	ABB
Ferdinand Steves	mg technologies
Jürgen Vanselow	Egon Zehnder International GmbH
Bernd Wieczorek	Egon Zehnder International GmbH
Maren Wittmann	Egon Zehnder International GmbH
Dr. Heiko Wolters	Egon Zehnder International GmbH
Dr. Jochen Wulff	Bayer CropScience AG